On y va!

2

P9-AOP-591

Cahier

Karen Edgar

Robert Hart

Diane Masschaele

Line Picard

Michael Salvatori

Sharon Smithies

Lynn Wagner

PEARSON

Addison
Wesley

Toronto, Ontario

On y va! 2

Directrice du département de français langue seconde : Hélène Goulet
Directrice de la rédaction : Anita Reynolds MacArthur
Directrice du marketing : Audrey Wearn
Chargés de projet : Elaine Gareau et Gina Boncore Crone, Lisa Cupoli,
Nancy Fornasiero, Jonathan Furze, Andria Long
Production / Rédaction : Tanjah Karvonen et Nadia Chapin, Louise Cliche,
Marie Cliche, Lisa Cupoli, Micheline Karvonen, Judith Zoltai
Révisions linguistiques : Christiane Roguet et Édouard Beniak
Coordonnatrice : Helen Luxton
Conception graphique : Zena Denchik
Couverture : Dave Cutler/SIS
Illustrations : Alan Barnard, Kevin Cheng, Tina Holdcroft
Programme audio : Lorne Green, Producers' Choice Studio, Claude Michel,
Louise Naubert
Conception du site Web : Laura Canning

Nous tenons à remercier tout particulièrement les enseignants, enseignantes, conseillers et conseillères pédagogiques et les élèves des classes expérimentales pour leurs précieuses contributions à ce projet.

Copyright © 2002 Pearson Education Canada, Inc., Toronto
Pearson Addison Wesley. Tous droits réservés. Cet ouvrage est protégé par les droits d'auteur. Il faut avoir obtenu au préalable l'autorisation écrite de l'éditeur pour reproduire, enregistrer ou diffuser une partie du présent ouvrage sous quelque forme ou par quelque procédé que ce soit, électronique, mécanique, photographique, sonore, magnétique ou autre. Pour obtenir l'information relative à cette autorisation, veuillez communiquer par écrit avec le département des autorisations.

ISBN 0-201-69792-0

Imprimé au Canada
Ce livre est imprimé sur du papier sans acide.

11   WC   10

Les éditeurs ont tenté de retracer les propriétaires des droits de tout le matériel dont ils se sont servis. Ils accepteront avec plaisir toute information qui leur permettra de corriger les erreurs de références ou d'attribution.

PEARSON
Addison
Wesley

Table des matières

Mon vocabulaire de base

■ ■

Note le vocabulaire important de cette unité.

1. Pour parler des menus...

   une pointe de pizza _____ _____

   _____ _____

2. Pour parler des casse-croûte...

   un repas économique _____ _____

   _____ _____

3. Pour commander...

   Je vais prendre... _____ _____

   _____ _____

4. Pour servir...

   Regardez notre menu! _____ _____

   _____ _____

5. Et aussi...

   _____ _____

   _____ _____

Des descriptions

ÉCOUTONS!   LISONS!

Écoute les serveurs des cinq casse-croûte. Encercle les mets offerts à chaque casse-croûte.

Chez Luigi

a) des pointes de pizza

b) des boissons gazeuses

c) de la lasagne

d) des frites épicées

e) des sundaes

La vache Cha Cha Cha

a) du lait frappé

b) du yogourt

c) du poulet

d) des tacos

e) des sorbets

La magie du riz

a) des nouilles chinoises

b) du lait frappé

c) des tacos

d) du poulet au citron

e) de la poutine

Le roi du poulet

a) des ailes de poulet

b) du poisson

c) des pointes de pizza

d) du riz aux champignons

e) des frites

La coquille du taco

a) du ragoût

b) des frites épicées

c) des rouleaux de printemps

d) de la crème glacée

e) des nachos au fromage

On y va! 2 Copyright © Addison Wesley

Qui mange quoi?

PARLONS! ÉCRIVONS!

A Avec un ou une partenaire, lisez le dialogue suivant à voix haute. Lisez le dialogue plusieurs fois et remplacez les mots en caractères gras avec vos casse-croûte et vos mets préférés.

Élève nº 1 : J'ai faim! Allons manger **des frites** chez **Super Frites**.

Élève nº 2 : J'ai faim, moi aussi, mais je ne veux pas manger chez **Super Frites**.

Élève nº 1 : Où est-ce que tu veux manger?

Élève nº 2 : J'adore **les pains pita** chez **Aladin**.

Élève nº 1 : Bon d'accord. Mangeons chez **Aladin**. Je veux manger **un sandwich au poulet** et **une salade**.

Élève nº 2 : Alors, c'est décidé! Allons-y!

B En groupes, nommez trois mets pour chaque catégorie. Utilisez les pages 5-6 du cahier, le livre ou un dictionnaire comme référence. Présentez vos résultats à la classe.

Nommez des mets qui...

1. sont très épicés : _____

2. sont très nutritifs : _____

3. sont très sucrés : _____

4. ont très bon goût : _____

5. ont beaucoup de calories : _____

6. sont faciles à faire à la maison : _____

7. sont difficiles à manger : _____

8. sont exotiques : _____

9. sont ordinaires : _____

10. sont réconfortants : _____

L'embarras du choix

A Écoute bien. Quatre amis sont au centre commercial. Ils décident de prendre un repas dans un casse-croûte. Complète le dialogue avec les mots qui manquent. Utilise les mots utiles.

Athena : J'ai tellement faim! Je dois manger tout de suite.

Marthe : Qu'est-ce que tu veux manger?

Henri : Les mets chinois sont excellents chez _La magie du riz_!

François : Je n'aime pas les _mets chinoi_. Pour moi, c'est de _pizza_ ou rien!

Athena : J'ai tellement faim! Je dois manger tout de suite.

Marthe : Alors, décide-toi, Athena! Moi, je veux _un taco_ avec _un petit pain_.

Henri : Encore un taco, quelle surprise!

Marthe : Moi, je veux manger des _mets épicés_!

Henri : Je pense que je vais prendre aussi _des frites_.

Athena : Des frites, des mets chinois, de la pizza. Je ne peux pas choisir. J'ai tellement faim!

François : Et moi, je ne peux pas attendre. Je vais _chez Luigi_ pour _ma pizza_ et je vais vous retrouver à table.

Marthe : Regarde tous ces gens à _La coquille du taco_! Ça va prendre des heures pour servir toute cette foule!

Athena : J'ai beaucoup trop faim pour attendre tout ce temps-là. Je dois manger maintenant!

Henri : Alors, décide!

Athena : J'ai si faim que je ne peux pas penser.

Marthe : Tu manges souvent _de la poutine_ chez _le roi du poulet_.

Athena : J'ai tellement faim que je suis trop faible pour marcher jusqu'au comptoir.

Henri : Je ne peux plus attendre. Je vais chercher mes frites, mes mets chinois et _un jus_, et... je vous rejoins à table.

Marthe :	Athena, va à la table et je vais t'acheter une poutine.	

Marthe : Athena, va à la table et je vais t'acheter une poutine.

Athena : Ah non! Marthe, ce n'est pas nécessaire.

Marthe : Si nous voulons manger aujourd'hui, c'est nécessaire. Donne-moi de l'argent.

Athena : Bon, d'accord et..., Marthe!

Marthe : Quoi?

Athena : Peux-tu t'arrêter chez <u>La vache Cha Cha Cha</u> et m'acheter <u>un lait frappé</u> au chocolat?

Marthe : Incroyable!

MOTS UTILES

Chez Luigi	La coquille du taco	des frites	un jus
un lait frappé	La magie du riz	mets chinois	mets épicés
des nachos au fromage	un petit pain	la pizza	ma pizza
de la poutine	Le roi du poulet	un taco	La vache Cha Cha Cha

B Lis la conversation à voix haute avec trois autres élèves.

C Relis la conversation. Remplis la grille pour indiquer qui mange quel repas, à quel casse-croûte.

Nom du personnage	Athena	Marthe	Henri	François
Quel repas?	une poutine	une poutine	mets Chinoi /des frites	Pizza
Quel(s) casse-croûte?	Le roi du poulet	Le roit du poulet	La magie du riz	chez Luigi

→ **LIVRE** p. 8

On y va! 2 Copyright © Addison Wesley   Unité 1 : Au casse-croûte

Le client difficile

A Relis le texte *Le client difficile* aux pages 8-11 de ton livre. Lis les phrases suivantes. Coche *vrai* ou *faux*. Corrige les phrases fausses.

	vrai	faux

1. L'histoire se passe un jeudi matin.
   L'histoire se passe un Samedi matin   ☐ vrai ☒ faux

2. Le garçon travaille au casse-croûte *Triple portion*.
   _____   ☑ vrai ☐ faux

3. Le monsieur aime les frites.
   _____   ☑ vrai ☐ faux

4. Pour le repas économique, le monsieur peut avoir six portions de son plat préféré.
   le monsieur peut avoir trois portions   ☐ vrai ☒ faux

5. À la fin de l'histoire, le monsieur choisit un plat.
   C'etait trop dificile de choisir.   ☐ vrai ☒ faux

B Relis le texte encore une fois. Réponds aux questions suivantes en phrases complètes.

1. Quels plats est-ce que le monsieur aime manger?
   Le monsieur aime manger les frites, les tacos et les hot-dogs.

2. Décris le repas économique.
   Vous pouvez prendre trois portions de votre plat préféré pour seulement 3,49 $

3. Que font les autres clients dans la queue?
   Il sont vraiment fachés. Ils comptent les choix.

4. Pourquoi est-ce que le monsieur ne commande pas?
   Parce que c'etait trop dificile de choisir quelquechose

5. À ton avis, quels sont les avantages de manger dans un casse-croûte?
   Il est vite, C'est pas cher, c'est des choses goûtant

→ LIVRE p. 11

On y va! 2 Copyright © Addison Wesley

Vouloir, pouvoir et devoir

ÉCRIVONS!   PARLONS!

Réponds aux questions suivantes. Ensuite, pose les questions à un ou une partenaire. Avez-vous les mêmes réponses?

1. Pour le souper ce soir, qu'est-ce que tu veux manger?

   Moi : _____

   Partenaire : _____

2. Quel repas peux-tu préparer?

   Moi : _____

   Partenaire : _____

3. Quand tu peux manger au casse-croûte, où est-ce que tu dois absolument aller?

   Moi : _____

   Partenaire : _____

4. D'habitude, qu'est-ce que tu dois faire avant de manger?

   Moi : _____

   Partenaire : _____

5. Où est-ce que tes amis et toi voulez manger ce week-end?

   Moi : _____

   Partenaire : _____

→ **LIVRE** p. 14

On y va! 2 Copyright © Addison Wesley   Unité 1 : Au casse-croûte

L'accord du verbe et le pronom logique

ÉCRIVONS!

A **Complète les phrases suivantes avec le verbe entre parenthèses. N'oublie pas de faire l'accord du verbe.**

Exemple : Jonathan et Lisa _____ le menu. (regarder)

Jonathan et Lisa _regardent_ le menu.

1. Athena et ses amis _mangent_ au casse-croûte. (manger)

2. Toi et moi _décidons_ de faire la cuisine. (décider)

3. Le vendeur et toi _discutez_ des plats. (discuter)

4. Vous et moi _pouvons_ manger ensemble. (pouvoir)

5. François et Henri _finissent_ leur conversation avant de partir. (finir)

B **Choisis le pronom logique pour compléter les phrases suivantes. Attention à l'accord!**

Exemple : _Marc et moi_ cherchons un nouveau casse-croûte.

(Marc et moi / Jano et toi)

1. _Tam et toi_ voulez manger des mets chinois.
(Mes amis et moi / Tam et toi)

2. _Zak et Connie_ attendent devant le restaurant.
(Sal et toi/ Zak et Connie)

3. _Mon frère et moi_ choisissons le repas économique.
(Mon frère et moi / Jules et mon ami)

4. _Noah_ doit acheter un cadeau.
(Noah / tu)

5. _Lori et toi_ pouvez bien cuisiner.
(Ben et moi / Lori et toi)

→ LIVRE p. 15

12 *On y va! 2* Copyright © Addison Wesley

L'impératif

Complète les phrases suivantes avec la bonne forme de l'impératif.

Exemple : _Viens_ avec nous, tu vas aimer ce restaurant. (Viens, Venons, Venez)

1. Marthe, _____ à ma question! (réponds / répondons / répondez)

2. _____ une pizza. Nous avons tous faim. (Commande, Commandons, Commandez)

3. _____ tout de suite, s'il te plaît. (Décide / Décidons / Décidez)

4. Monsieur, _____ un instant, s'il vous plaît! (attends / attendons / attendez)

5. Avant ton départ, _____ de faire tes achats! (finis / finissons / finissez)

6. Nous avons très faim. _____ ici! (Mange / Mangeons / Mangez)

7. _____ nos assiettes. Il y a beaucoup de nourriture. (Remplis, Remplissons, Remplissez)

8. Ne _____ pas une minute! Allons manger au restaurant. (perds, perdons, perdez)

9. _____ le menu pour les repas économiques, madame! (Regarde / Regardons / Regardez)

10. Le vendeur dit à son client : _____ un repas! (choisis / choisissons / choisissez)

11. Michael, ne _____ pas de ketchup sur tous les mets! (mets, mettons, mettez)

12. Nous voulons sortir. _____ au cinéma! (Va / Allons / Allez)

13. S'il vous plaît, _____ avec moi manger ce soir. (sors / sortons / sortez)

14. Nous avons très faim. _____ pour le restaurant tout de suite! (Pars / Partons / Partez)

15. Ne _____ pas ton choix tout de suite. Examine tous les casse-croûte avant de choisir. (fais, faisons, faites)

→ **LIVRE** p. 16

On y va! 2 Copyright © Addison Wesley

Unité 1 : Au casse-croûte

À ton tour

Concours des casse-croûte

Écoute bien. Complète les phrases suivantes avec les mots qui manquent. Utilise les mots utiles.

Bonjour, je m'appelle Maryse Adam et je _veux_ ouvrir un nouveau casse-croûte dans ce centre commercial. Voici mon idée. Mon _casse-croûte_ va s'appeler «Casse-croûte V/G». C'est un concept gagnant parce que les _mets_ végétariens sont populaires. Mon chef et moi avons un _slogan_ simple : «Casse-croûte V/G pour les végétariens et ceux qui aiment les légumes.»

Regardez mon menu. Le _client_ peut choisir les ingrédients de sa «pizza végé» ou de son «sandwich végé». Pour la pizza, il ou elle _peut_ choisir des champignons, des tomates ou des poivrons verts. Pour le _sandwich_, il y a du fromage, du beurre d'arachides, du miel, des bananes, du homous ou du végépâté. _Imaginez_ toutes les combinaisons! Le sandwich végé ou une _pointe_ de pizza _coûte_ seulement 3,00 $.

Naturellement, le Casse-croûte V/G offre des _soupes_ et des salades. Nos clients _peuvent_ goûter la soupe du jour au brocoli, aux fraises ou aux carottes avant de _commander_! Ce n'est pas tout! Dans mon casse-croûte, toutes les _boissons_ sont en grand format et coûtent seulement 1,00 $ chacune. Tes amis et toi pouvez choisir une eau minérale ou un _jus_...

Enfin, si vous voulez un repas _économique_, vous _devez_ choisir Casse-croûte V/G. Nous offrons une soupe, une _boisson_ et une boisson pour seulement 4,00 $. _Mangez_ au Casse-croûte V/G et vous allez rêver aux légumes!

MOTS UTILES

boissons	casse-croûte 2	client 6	commander
coûte 11	devez	économique	jus
Imaginez 9	Mangez	mets 3	peut 7
peuvent	pointe 10	Regardez 5	salade
sandwich 8	slogan 4	soupes 12	veux 1

→ LIVRE p. 17

On y va! 2 Copyright © Addison Wesley

La tâche finale

A Rassemble tes idées.

1. Choisis un ou deux de ces éléments : les mets, les boissons, le service, les prix, les repas économiques. Développe un concept gagnant pour ton casse-croûte.

   _____

   _____

2. Pourquoi penses-tu que ton concept peut gagner le concours?

   _____

   _____

3. Quel slogan peux-tu créer pour vendre ton concept aux élèves de ton école?

   _____

4. Quels mets et boissons est-ce que ton casse-croûte va offrir? N'oublie pas les prix!

   _____ _____ _____

   _____ _____ _____

5. Décris le repas économique que ton casse-croûte va offrir. Combien va-t-il coûter?

   _____

B Fais le brouillon de ta présentation. Écris environ 20 phrases.

   - Utilise les verbes vouloir, pouvoir et devoir au moins une fois chacun.
   - Fais l'accord des verbes.
   - Utilise l'impératif.
   - Utilise la présentation à la page 14 de ton cahier comme modèle.

C Échange ton brouillon avec un ou une partenaire.

   - Fais des corrections ou des changements, si c'est nécessaire.
   - Écris ta copie finale.
   - Présente ton casse-croûte à la classe.

Mon auto-évaluation

A Maintenant, je réussis à...	avec difficulté	avec peu de difficulté	assez bien	très bien
◼ parler des casse-croûte, des mets et des prix.	☐	☐	☐	☐
◼ comprendre comment servir les clients d'un casse-croûte.	☐	☐	☐	☐
◼ comprendre comment commander de la nourriture à un casse-croûte.	☐	☐	☐	☐
◼ utiliser les verbes irréguliers *vouloir*, *pouvoir* et *devoir*.	☐	☐	☐	☐
◼ faire l'accord du verbe.	☐	☐	☐	☐
◼ utiliser l'impératif.	☐	☐	☐	☐
◼ créer un concept pour un casse-croûte et à le présenter à la classe.	☐	☐	☐	☐

B **1. Dans cette unité, j'ai beaucoup aimé...**

_____

_____

2. Dans cette unité, je n'ai pas aimé...

_____

_____

Mon vocabulaire de base

■ ■

Note le vocabulaire important de cette unité.

1. Pour parler d'un vol...

voler

_____

2. Pour parler du travail de détective...

une enquête

_____

3. Pour parler des personnes...

le coupable / la coupable

_____

4. Des adverbes en –*ment*

heureusement

_____

5. Et aussi...

_____

_____

17

La chanson volée   *spectacle.*   *reste calme groupe.*   *les evenements*   *refuser.*

A Trouve dans le texte *La chanson volée* aux pages 20-23 de ton livre les mots français qui ressemblent à des mots anglais.

composition vidéo

musicale film retracer

Exemple : <u>furieuse</u>

1. <u>détails</u>   6. <u>guitariste</u> *prepare*
2. <u>mélodie</u>   7. <u>guitar</u> *concert.*
3. <u>idée</u>   8. <u>original</u> *perplexé*
4. <u>cassette</u>   9. <u>nerveux</u> *absoluement*
5. <u>curieux</u>   10. <u>epaté</u> *confusé*

Trouve trois faux amis : **1.** <u>mettre</u>   **2.** <u>attendre</u>   **3.** <u>coupable</u> *amateurs*

raison, chouchou, paroles

B Lis les phrases suivantes. Coche *vrai* ou *faux*. Corrige les phrases fausses.

	vrai	faux
1. Cathy a assisté au concert *Électrica*. *Cathy a attendu au concert.*		✓
2. Cathy peut prouver que *Les Mouches* ont volé sa chanson. *Cathy ne peut pas prouver*		✓
3. Dave aime beaucoup les enquêtes. _____	✓	
4. Julie est la petite amie de Kevin. *Julie est la petite amie de Mik.*		
5. Kevin a filmé la chanson de Cathy. *Julie a filmé*		✓

C Mets les phrases dans l'ordre chronologique.

4 Cathy a entendu sa chanson au concert *Électrica*.

1 Cathy a chanté sa chanson à la fête de Mike.

3 Julie a préparé une vidéo de la soirée.

5 Cathy a parlé au groupe *Les Mouches* après le spectacle.

6 Mike a donné une copie de la vidéo à Cathy.

2 Kevin a chanté à la fête de Mike.

→ **LIVRE** p. 23

Le passé composé

A Écoute bien. Est-ce que l'action est au *présent* ou au *passé composé*? Coche la bonne case.

	1	2	3	4	5	6	7	8	9	10
présent	☐	☐	☐	☐	☐	☐	☐	☐	☐	☐
passé composé	☐	☐	☐	☐	☐	☐	☐	☐	☐	☐

B Écoute bien. Encercle la lettre de la phrase que tu entends.

1. a) J'ai perdu le texte original.   **b)** Je n'ai pas perdu le texte original.

2. a) Ils ont volé la chanson.   **b)** Ils n'ont pas volé la chanson.

3. a) Dave a répondu à mon courriel.   **b)** Dave n'a pas répondu à mon courriel.

4. a) Le concert a fini à minuit.   **b)** Le concert n'a pas fini à minuit.

5. a) Nous avons choisi le détective Lee.   **b)** Nous n'avons pas choisi le détective Lee.

C Écoute bien. Quel verbe est-ce que tu entends? Coche le groupe qui correspond au verbe que tu entends.

	1ᵉʳ groupe (er → é)	2ᵉ groupe (ir → i)	3ᵉ groupe (re → u)
1.	☐	☐	☐
2.	☐	☐	☐
3.	☐	☐	☐
4.	☐	☐	☐
5.	☐	☐	☐
6.	☐	☐	☐
7.	☐	☐	☐
8.	☐	☐	☐
9.	☐	☐	☐
10.	☐	☐	☐

On y va! 2 Copyright © Addison Wesley   Unité 2 : Chasse aux indices

Les groupes de verbes

Choisis le bon verbe pour compléter chaque phrase. Écris le verbe au
passé composé.

–er ➝ é
1. Tu ___as___ ___navigué___ sur Internet toute la soirée.

2. Est-ce que vous ___avez___ ___gardé___ la chanson originale?

3. Je n' ___ai___ pas ___envoyé___ de courriel à mon amie.

4. Nous ___avons___ ___invité___ tous nos amis à la fête.

5. Daniel ___a___ ___chanté___ la chanson au spectacle.

> assister   ~~chanter~~   ~~envoyer~~   ~~garder~~   ~~inviter~~   ~~naviguer~~

–ir ➝ i
1. Je n' ___ai___ pas ___fini___ mes devoirs.

2. Mon ami et moi ___avons___ ___réfléchi___ au problème.

3. Tu ___as___ ___choisi___ un très bon disque compact.

4. Dave et Cathy ___ont___ ___réussi___ à trouver la preuve.

5. Est-ce que vous ___avez___ ___établi___ les faits?

> bâtir   ~~choisir~~   ~~établir~~   ~~finir~~   ~~réfléchir~~   ~~réussir~~

–re ➝ u
1. Est-ce que tu ___as___ ___perdu___ ton disque compact préféré?

2. Lee ___a___ ___rendu visite___ ses amis pendant deux heures.

3. Brian et Heidi ___ont___ ___entendu___ la chanson à la radio.

4. Je n' ___ai___ pas ___répondu___ à tous mes courriels hier soir.

5. Nous ___avons___ ___vendu___ la vidéo.

> attendre   ~~entendre~~   ~~perdre~~   rendre visite   ~~répondre~~   ~~vendre~~

Le bâton de hockey volé

LISONS! ÉCRIVONS! PARLONS!

Tana Wensik a un bâton de hockey super spécial, signé Wayne Gretzky. D'habitude, elle garde le bâton dans sa chambre. Ce matin à 10 heures, Tana a joué au hockey dans la rue avec trois amis qui habitent près de chez elle. À midi, après le match, elle a oublié son bâton de hockey dans le garage. À 17 heures, Tana a regardé dans le garage... mais pas de bâton. Quelqu'un a volé son bâton!

A **Regarde l'horaire de chaque suspect. Récris les activités en phrases complètes. Utilise le *passé composé*. Le ✕ représente une phrase négative. Fais tous les changements nécessaires.**

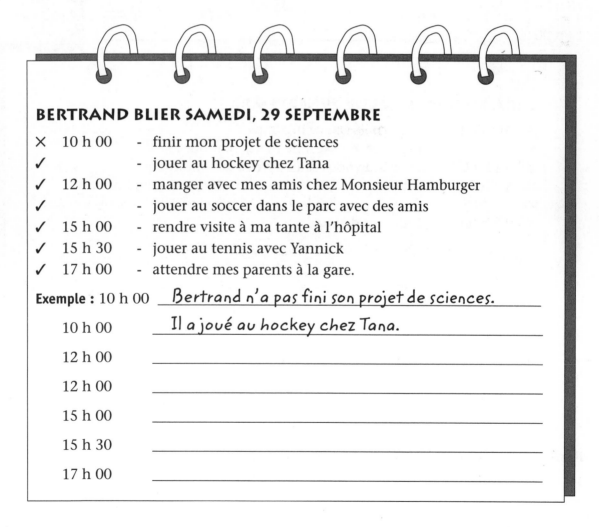

BERTRAND BLIER SAMEDI, 29 SEPTEMBRE

✕	10 h 00	- finir mon projet de sciences
✓		- jouer au hockey chez Tana
✓	12 h 00	- manger avec mes amis chez Monsieur Hamburger
✓		- jouer au soccer dans le parc avec des amis
✓	15 h 00	- rendre visite à ma tante à l'hôpital
✓	15 h 30	- jouer au tennis avec Yannick
✓	17 h 00	- attendre mes parents à la gare.

Exemple : 10 h 00   *Bertrand n'a pas fini son projet de sciences.*

10 h 00   *Il a joué au hockey chez Tana.*

12 h 00 _____

12 h 00 _____

15 h 00 _____

15 h 30 _____

17 h 00 _____

On y va! 2 Copyright © Addison Wesley

Unité 2 : Chasse aux indices

OSCAR CHONG SAMEDI, 29 SEPTEMBRE

✓ 10 h 00 - jouer au hockey chez Tana
✓ 12 h 30 - échanger mon jeu vidéo au centre commercial
✗   - acheter un cadeau d'anniversaire
✓ 13 h 00 - rendre visite à grand-père
✓ 15 h 30 - choisir une nouvelle guitare électrique
✓ 17 h 00 - finir mes devoirs avec Patrice

Exemple : 10 h 00 *Oscar a joué au hockey chez Tana.*

12 h 30 _____

12 h 30 _____

13 h 00 _____

15 h 30 _____

17 h 00 _____

SARA MESIAR SAMEDI, 29 SEPTEMBRE

✓ 10 h 00 - jouer au hockey chez Tana
✗   - préparer mon test de mathématiques
✗ 13 h 00 - choisir de nouveaux livres à la bibliothèque
✗ 15 h 00 - acheter un cadeau d'anniversaire pour maman
✓   - finir de regarder la vidéo *Mission étoile*
✗ 17 h 00 - finir mes devoirs

Exemple : 10 h 00 *Sara a joué au hockey chez Tana.*

10 h 00 _____

13 h 00 _____

15 h 00 _____

15 h 00 _____

17 h 00 _____

B Réponds oralement aux questions suivantes.

1. Où est-ce que chaque suspect a passé l'après-midi?

2. Avec qui?

3. Quel suspect n'a pas d'alibi?

4. Quel suspect a passé l'après-midi à la maison (près de chez Tana)?

5. Selon toi, qui est le ou la coupable?

→ LIVRE p. 26

À ton tour

Enquête

Avec un ou une partenaire, utilisez le graphique pour identifier les éléments du cas de *La chanson volée*. À l'oral, expliquez vos conclusions.

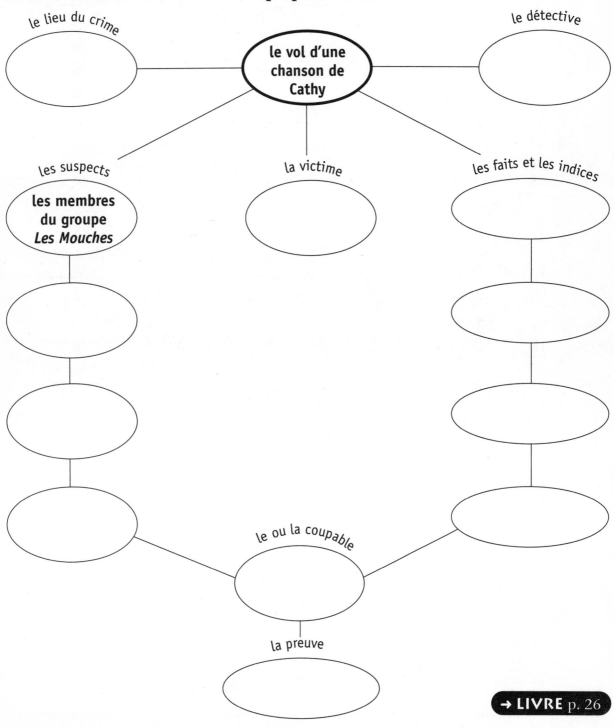

→ **LIVRE** p. 26

On y va! 2 Copyright © Addison Wesley

Unité 2 : Chasse aux indices

À la tâche

Inventez un vol!

**Avec ton ou ta partenaire, inventez un vol. Identifiez les éléments de ce vol.
Utilisez les idées utiles dans votre histoire.**

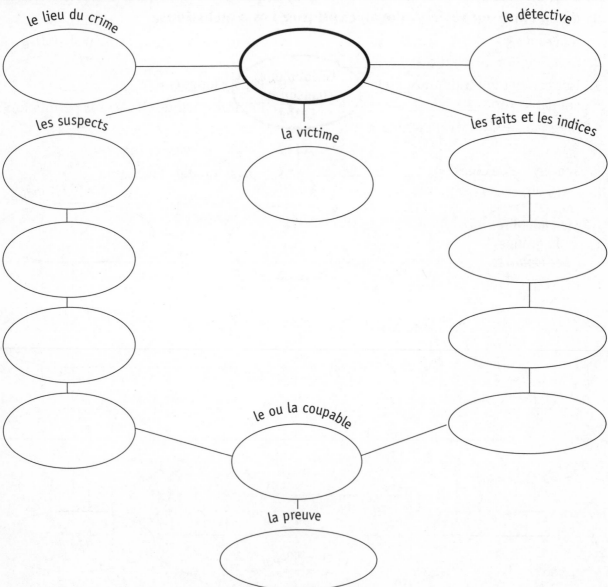

le lieu du crime

le détective

les suspects

la victime

les faits et les indices

le ou la coupable

la preuve

IDÉES UTILES

- Ta chemise préférée a disparu.
- Quelqu'un a fait le même tableau que toi pendant le cours d'art visuel.
- Les photos dans ton casier ont disparu.
- Quelqu'un a pris ton gâteau dans le réfrigérateur.
- As-tu d'autres idées?

Mots croisés

JOUONS!

Lis les phrases suivantes. Trouve les mots pour compléter la grille. Ne mets pas d'accents.

Horizontalement :

1. Raconter les événements de manière à les faire revivre : _____.

2. Avoir un bon résultat : _____.

3. Fait concret qui indique le ou la coupable : une _____.

4. Message envoyé par ordinateur : un _____.

5. Synonyme de conserver : _____.

6. Personne soupçonnée d'avoir commis un crime : un _____.

7. Aller à un concert : _____.

8. Signe qui aide le détective : un _____.

Verticalement :

5. Très intelligente : _____.

9. Contraire de dire la vérité : _____.

10. Penser longuement : _____.

11. Prendre quelque chose sans permission : _____.

12. Événements du crime : les _____.

13. Travail du détective : une _____.

14. Contraire d'innocent : _____.

→ **LIVRE** p. 27

On y va! 2 Copyright © Addison Wesley

Unité 2 : Chasse aux indices

Le cas de la planche à roulettes disparue

A Relis le texte *Le cas de la planche à roulettes disparue* aux pages 27-30 de ton livre. Réponds aux questions suivantes en phrases complètes.

1. Où est madame Brunard quand elle entend le message du haut-parleur?

   Dans la bibliothèque.

2. Pourquoi est-ce qu'Alex est agité?

   Parce que quelqu'un a volé sa planche à roulettes

3. Où est-ce que Sonia a mangé à midi?

   Dans le parc

4. Pourquoi est-ce que Laurent a étudié à midi?

   Parce qu'il a eu un test de math

5. Selon toi, pourquoi est-ce que les élèves innocents sont nerveux?

   _____

B Complète le graphique suivant.

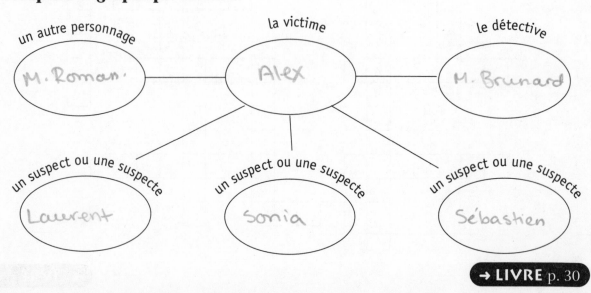

→ LIVRE p. 30

C'est qui, le voleur?

Complète les phrases avec le *passé composé* des verbes irréguliers entre parenthèses.

Exemple : Est-ce que tu _____ _____ en retard pour ton premier cours? (être)

Est-ce que tu _as_ _été_ en retard pour ton premier cours?

1. Le voleur _a_ _pris_ la planche à roulettes sans permission. (prendre)

2. Les suspects _ont_ _eu_ très peur. (avoir)

3. Tu n' _as_ pas _été_ à la bibliothèque. (être)

4. Tu _as_ _mis_ ton lecteur de disque compact dans ton casier. (mettre)

5. Duncan _a_ _fait_ une grave erreur. (faire)

6. Eve _a_ _été_ deux fois championne de planche à roulettes. (être)

7. Vous n' _avez_ pas _eu_ d'appel au bureau. (avoir)

8. Nous _avons_ _pris_ des notes pour l'enquête. (prendre)

9. J' _ai_ _mis_ l'enquête sur la table. (mettre)

10. Tu _as_ _eu_ une bonne note en maths. (avoir)

11. Est-ce qu'elles _ont_ _pris_ le train? (prendre)

12. Dave _a_ _fait_ une petite enquête. (faire)

13. Où est-ce que tu _as_ _mis_ ton cadenas? (mettre)

14. Sonia et Laurent _ont_ _fait_ de la planche à roulettes. (faire)

15. Je n' _ai_ pas _été_ au concert avec mes amis. (être)

→ LIVRE p. 32

27

Détectives et suspects

ÉCRIVONS!

A **Complète les phrases avec un adverbe en _–ment_.**

Exemple : Yannick a parlé _sérieusement_. (sérieux)

Prends l'adjectif   Mets l'adjectif au féminin   Ajoute -ment

a) _sérieux_ _____ **b)** _sérieuse_ _____ **c)** _sérieusement_ _____

1. Cathy et Dave ont discuté _____. (calme)

    a) _____ **b)** _____ **c)** _____

2. Madame Brunard a posé des questions _____. (doux)

    a) _____ **b)** _____ **c)** _____

3. Les suspects ont répondu _____. (nerveux)

    a) _____ **b)** _____ **c)** _____

4. Le détective a écouté _____. (attentif)

    a) _____ **b)** _____ **c)** _____

5. Laurent a réagi _____. (agressif)

    a) _____ **b)** _____ **c)** _____

B **Souligne l'adjectif dans la première phrase, puis complète la deuxième phrase avec l'adverbe qui correspond.**

Exemple : La détective Mimie est _tranquille_. Elle a travaillé _tranquillement_.

1. Le détective Lee est logique. Il a travaillé _____.

2. La détective Jura est sérieuse. Elle a travaillé _____.

3. Le suspect est timide. Il a parlé _____.

4. La suspecte est agressive. Elle a parlé _____.

5. La victime est calme. Il a répondu _____.

6. La victime est attentive. Elle a répondu _____.

7. Le coupable est lent. Il a réfléchi _____.

8. La coupable est rapide. Elle a réfléchi _____.

9. Le témoin est honnête. Il a répondu _____.

10. La coupable est nerveuse. Elle a répondu _____.

On y va! 2 Copyright © Addison Wesley

Une histoire amusante

Écoute bien. Complète l'enquête avec la bonne forme du verbe au *passé composé*. Utilise les mots utiles.

Aujourd'hui, j'_ai travaillé_ pour des clients vraiment amusants!

Vers 23 h 00, M. et Mme Lemieux _ont fait_ une promenade mais Pompon, leur chienne, _____ _____ de rester à la maison.

Après leur promenade, M. et Mme Lemieux _ont cherché_ Pompon mais elle n' _a_ pas _répondu_. Ils _ont examiné_ partout dans la maison… mais pas de Pompon. M. Lemieux _a paniqué_. Il _a téléphoné_ à mon bureau vers minuit. «Quelqu'un _a volé_ Pompon!»

Selon Mme Lemieux, le voisin est coupable! La semaine passée, le voisin _a joué_ au frisbee avec ses amis. Pendant le jeu, Pompon _a pris_ son frisbee, modèle professionnel. Elle _a caché_ le frisbee et le voisin est encore extrêmement fâché. C'est ça, le motif du kidnapping!

J'_ai écouté_ attentivement et j'_ai eu_ des notes. J'_ai_ _____ aux Lemieux et j'____ _____ méthodiquement le lieu du crime. À 1 h 00 du matin, _j'ai réussi_ à trouver Pompon dans le garage!

Pompon ____ _____ particulièrement intelligente. Elle _____ _____ quatre petits bébés dans une boîte abandonnée et elle _____ _____ les petits chiots dans le frisbee, modèle professionnel!

MOTS UTILES

to call appeler _____	*to kidnap* kidnapper _____
to have avoir _____	*to put* mettre _____
to hide cacher _____	*to panic* paniquer _____
✓ *to look for* chercher _____	*to take* prendre _____
to choose choisir _____	*to visit* rendre visite _____
to listen écouter _____	*to respond* répondre _____
to be être _____	✓ *to succeed* réussir _____
to examin examiner _____	✓ *to phone* téléphoner _____
✓ *to do* faire _____	✓ *to work* travailler _____
to play jouer _____	*to steal* voler _____

→ LIVRE p. 33

À ton tour

ÉCRIVONS!   PARLONS!

Qui a menti?

A En groupe, relisez le texte *Le cas de la planche à roulettes disparue* aux pages 27-30 de ton livre. Notez les activités de chaque suspect au moment du vol, à midi. Ensuite, lisez les fins possibles et notez le motif de chaque suspect.

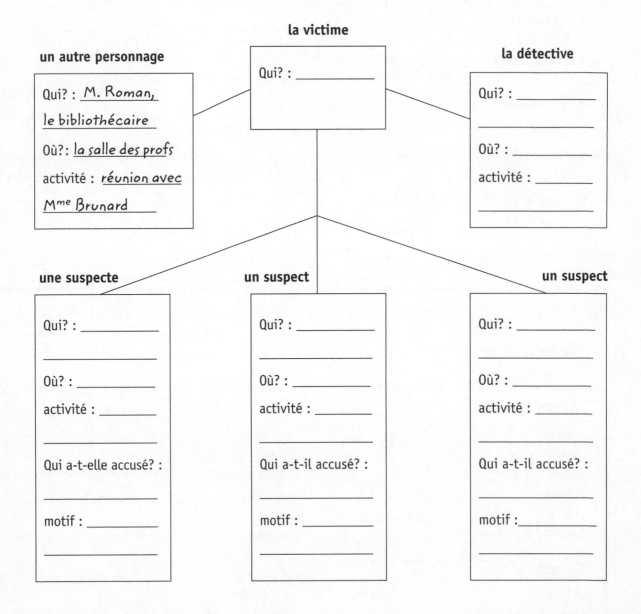

la victime

Qui? : _____

un autre personnage

Qui? : _M. Roman,_
le bibliothécaire
Où?: _la salle des profs_
activité : _réunion avec_
Mᵐᵉ Brunard

la détective

Qui? : _____
_____
Où? : _____
activité : _____
_____

une suspecte

Qui? : _____
_____
Où? : _____
activité : _____
_____
Qui a-t-elle accusé? :
_____
motif : _____
_____

un suspect

Qui? : _____
_____
Où? : _____
activité : _____
_____
Qui a-t-il accusé? :
_____
motif : _____
_____

un suspect

Qui? : _____
_____
Où? : _____
activité : _____
_____
Qui a-t-il accusé? :
_____
motif :_____
_____

B Selon vous, qui est le ou la coupable?

→ **LIVRE** p. 33

On y va! 2 Copyright © Addison Wesley

La tâche finale

ÉCRIVONS! PARLONS!

A **Avec un autre groupe de deux élèves, utilisez vos deux histoires inventées à la page 24 du cahier pour créer la meilleure histoire de vol possible.**

Le crime : _____

Le lieu du crime : _____

Le détective : _____

La victime : _____

Suspect nº 1 : _____

    ■ Qui est-ce? _____

    ■ Son motif : _____

    ■ Son alibi : _____

Suspect nº 2 : _____

    ■ Qui est-ce? _____

    ■ Son motif : _____

    ■ Son alibi : _____

Les faits et les indices : _____

    ■ _____

    ■ _____

    ■ _____

    ■ _____

    ■ _____

Le ou la coupable : _____

La preuve : _____

B **Créez et présentez une saynète avec un ou une détective, une victime et deux suspects. Identifiez les éléments de la nouvelle histoire. À l'oral, est-ce que la classe peut deviner qui est le ou la coupable?**

On y va! 2 Copyright © Addison Wesley

Unité 2 : Chasse aux indices

Mon auto-évaluation

A Maintenant, je réussis à...	avec difficulté	avec peu de difficulté	assez bien	très bien
■ parler des cas de vol et des éléments d'une bonne enquête.	☐	☐	☐	☐
■ penser comme un ou une détective.	☐	☐	☐	☐
■ utiliser le passé composé des verbes réguliers.	☐	☐	☐	☐
■ utiliser quelques verbes irréguliers importants.	☐	☐	☐	☐
■ utiliser les adverbes en -ment.	☐	☐	☐	☐
■ écrire l'histoire d'un vol et à présenter une saynète.	☐	☐	☐	☐

B **1.** **Dans cette unité, j'ai beaucoup aimé...**

_____

_____

2. **Dans cette unité, je n'ai pas aimé...**

_____

_____

Mon vocabulaire de base

■ ■

Note le vocabulaire important de cette unité.

1. Des animaux

la tortue géante

_____

_____

_____

_____

2. La description physique des animaux

les pattes

_____

_____

_____

3. L'habitat des animaux

la forêt

_____

_____

_____

4. Les actions des animaux

attraper

_____

_____

_____

_____

5. Les qualités et les défauts

patient(e)(s)

_____

_____

_____

6. La santé et la médecine

antibiotique(s)

_____

_____

_____

7. Et aussi...

_____

_____

_____

_____

_____

Des devinettes

A **Associe chaque animal à droite à un type d'animaux à gauche.**

_____ un oiseau

__E__ un arachnide

_____ un poisson

_____ un mammifère

_____ un insecte

_____ un reptile

A · le panda

B · la tortue géante des îles Galapagos

C · le paradisier

D · le piranha

E · la veuve noire

F · le bousier

B **Associe la description à la lettre qui correspond à chaque animal.**

___ **1.** Je porte une carapace sur mon dos. Ma carapace me sert de maison.

___ **2.** J'ai huit pattes. Chaque patte a neuf segments.

___ **3.** Je suis le mâle adulte. J'ai un plumage extravagant.

___ **4.** Je suis un insecte extrêmement dégoûtant.

___ **5.** J'ai des marques noires sur les oreilles, les pattes, les épaules et autour des yeux.

___ **6.** Je suis un des poissons les plus dangereux.

___ **7.** Je suis menacé d'extinction parce qu'on me chasse pour mon plumage.

___ **8.** Je peux injecter un poison assez puissant pour tuer un humain.

___ **9.** Je pèse jusqu'à deux cent soixante-douze kilogrammes.

___ **10.** J'habite le centre de la Chine, dans les forêts de bambou.

___ **11.** Je mange les excréments de gros mammifères herbivores.

___ **12.** Je chasse en groupe et j'attrape ma victime avec mes puissantes mâchoires.

___ **13.** Je mange pendant 12 à 16 heures chaque jour.

___ **14.** J'ai une couleur dans mon nom.

___ **15.** Je peux vivre jusqu'à deux cents ans.

C **Avec un ou une partenaire, lisez les phrases à voix haute et répétez le nom de l'animal. Changez de rôle.**

→ LIVRE p. 36

On y va! 2 Copyright © Addison Wesley

Le royaume des animaux

A Trouve les informations dans le texte *Le royaume des animaux* aux pages 36-39 de ton livre. Complète le tableau suivant.

	Aspect physique	Habitat	Nourriture	Ennemis	Caractéristiques uniques
la mante					
le caméléon					
le toucan					
l'anguille					
le chimpanzé					

B Choisis un animal. Pourquoi est-ce que tu penses que cet animal est bizarre ou fascinant? _____

_____

_____

→ **LIVRE** p. 39

Qui suis-je?

A **Écoute la description de l'animal et encercle l'adjectif approprié.**

1. **a)** bruyante   **b)** patiente   **c)** puissante

2. **a)** puissant   **b)** vif   **c)** solitaire

3. **a)** léger   **b)** intelligent   **c)** bon en camouflage

4. **a)** calme   **b)** patient   **c)** bruyant

5. **a)** puissante   **b)** patiente   **c)** intelligente

B **Quel animal est-ce qu'on décrit? Écoute les descriptions faites par des scientifiques et des spécialistes. Choisis le bon animal. Écris la bonne lettre dans chaque case.**

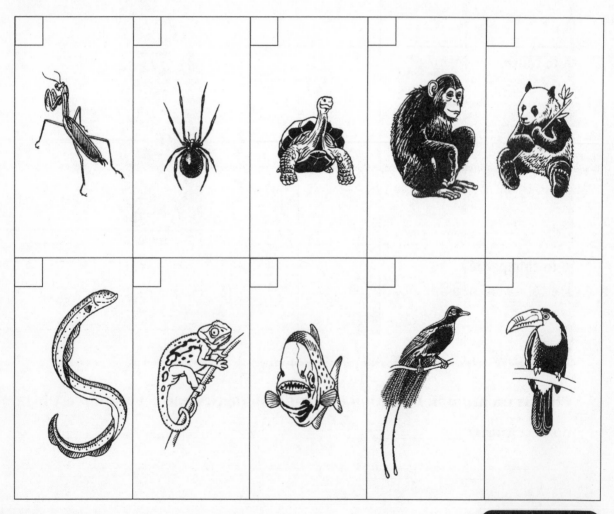

→ **LIVRE** p. 40

Unité 3 : Bizarre et fascinant!   *On y va! 2* Copyright © Addison Wesley

Le pronom **on**

■ ■

A Écoute bien. Qu'est-ce que le pronom *on* représente dans chaque phrase? Coche la bonne case.

	Nous	Les gens	Quelqu'un
1.	☐	☐	☐
2.	☐	☐	☐
3.	☐	☐	☐
4.	☐	☐	☐
5.	☐	☐	☐
6.	☐	☐	☐
7.	☐	☐	☐
8.	☐	☐	☐
9.	☐	☐	☐
10.	☐	☐	☐

B Remplace les mots en italique par le pronom *on*. Récris chaque phrase. Attention : n'oublie pas l'accord du verbe!

1. *Les gens* trouvent cet insecte tropical vraiment intéressant.

_____

2. Est-ce que *nous* pouvons voir le toucan?

_____

3. Qu'est-ce que *les gens* pensent de cet animal?

_____

4. *Mes amis et moi* voulons aller au parc zoologique aujourd'hui.

_____

5. Oh là là! *Quelqu'un* a attrapé un bousier!

_____

On y va! 2 Copyright © Addison Wesley

Unité 3 : Bizarre et fascinant!

Mots croisés

Écris la bonne forme du verbe au *présent* dans chaque phrase pour compléter la grille. Ne mets pas d'accents.

Horizontalement :

2. (manger) On _____ du bambou, des bulbes et des œufs.

6. (avoir) On _____ un plumage extravagant.

7. (pondre) On _____ des œufs.

8. (ressembler) On _____ à des dinosaures!

12. (transporter) On _____ notre maison sur le dos.

15. (nager) On _____ mais on n'a pas de nageoires.

16. (attaquer) On _____ notre victime avec nos puissantes mâchoires.

18. (grimper) On _____ à un arbre et on reste dans cet arbre toute notre vie.

19. (être) On _____ très mignon.

20. (utiliser) On _____ des outils pour attraper des œufs et des insectes.

Verticalement :

1. (peser) On _____ jusqu'à deux cent soixante-douze kilogrammes.

3. (attraper) On _____ notre victime avec nos puissantes pattes avant.

4. (chasser) On _____ seulement des insectes vivants!

5. (courir) On ne _____ pas vite.

9. (sauter) On _____ entre les arbres.

10. (capturer) On _____ notre victime avec notre langue.

11. (mesurer) On _____ jusqu'à deux mètres de longueur.

13. (piquer) On _____ notre victime et on injecte du poison.

14. (habiter) On _____ dans la forêt tropicale.

17. (faire) On _____ beaucoup de bruit.

     On y va! 2 Copyright © Addison Wesley

Vrai ou faux?

A Compose cinq phrases vraies et cinq phrases fausses pour décrire les animaux. Mets *vrai* ou *faux* après chaque phrase. Utilise les mots utiles.

Exemple : Le toucan peut vivre deux cents ans. faux

MOTS UTILES

l'anguille	attraper sa victime	dans un arbre, une rivière, une forêt...
le caméléon	avoir	de couleur
le chimpanzé	changer	un cri fort, doux...
la mante	chasser	deux cents ans
les pandas	communiquer	deux cent soixante-douze kilogrammes
les paradisiers	habiter	des fruits, des insectes...
les piranhas	injecter	en groupe
la tortue	manger	des marques noires
les toucans	peser	des outils
la veuve noire	utiliser	avec ses pattes, sa queue, sa langue...
	vivre	du poison
		avec des sons

1. _____.

2. _____.

3. _____.

4. _____.

5. _____.

6. _____.

7. _____.

8. _____.

9. _____.

10. _____.

B Lis tes phrases à voix haute. Ton ou ta partenaire doit décider si la phrase est vraie ou fausse.

→ **LIVRE** p. 42

À ton tour

À quel animal ressembles-tu?

Écoute bien. Complète chaque comparaison ou expression avec le nom d'un animal. Mets la lettre qui correspond à l'animal dans la bonne case. Utilise le dictionnaire pour trouver le sens des nouveaux mots.

1. ☐ Je suis fidèle comme un...   **a)** agneau

2. ☐ Je suis travailleur comme une...   **b)** belette

3. ☐ Je suis têtu comme une...   **c)** bœuf

4. ☐ Je suis curieux comme une...   **d)** chat

5. ☐ Je suis courageux comme un...   **e)** chien

6. ☐ Je suis fort comme un...   **f)** éléphant

7. ☐ Je peux courir comme un...   **g)** fourmi

8. ☐ J'ai une faim de...   **h)** fourmis

9. ☐ J'ai une mémoire d'...   **i)** gazelle

10. ☐ Je suis féroce comme un...   **j)** lièvre

11. ☐ J'aime répéter comme un...   **k)** lion

12. ☐ Je suis lent comme une...   **l)** lion en cage

13. ☐ Je suis adroit comme un...   **m)** loup

14. ☐ Je suis doux comme un...   **n)** marmotte

15. ☐ J'ai des... dans les jambes.   **o)** mule

16. ☐ Je suis rapide comme une...   **p)** perroquet

17. ☐ Je suis rusé comme un...   **q)** renard

18. ☐ J'aime dormir comme une...   **r)** singe

19. ☐ Je suis agile comme un...   **s)** tigre

20. ☐ Je suis impatient comme un...   **t)** tortue

→ **LIVRE** p. 42

À la tâche

Cartes d'information

Prépare des cartes d'information pour deux animaux différents. Commence avec des informations générales et continue avec des détails de plus en plus précis. Utilise les verbes dans les mots utiles. En équipe, jouez à *Qui suis-je*?

Qui suis-je?

5. On _____ .

4. On _____ .

3. On _____ .

2. On _____ .

1. On _____ .

Réponse : _____

Qui suis-je?

5. On _____ .

4. On _____ .

3. On _____ .

2. On _____ .

1. On _____ .

Réponse : _____

MOTS UTILES

aimer	attaquer	attraper	avoir
capturer	chasser	courir	être
faire	habiter	manger	mesurer
nager	peser	piquer	ressembler
sauter	transporter	trouver	utiliser

→ LIVRE p. 43

On y va! 2 Copyrîght © Addison Wesley   Unité 3 : Bizarre et fascinant!

Au service de la médecine

Trouve les informations dans le texte *Au service de la médecine* aux pages 43-46 de ton livre. Complète le tableau suivant.

	Aspect physique	Habitat	Nourriture	Caractéristiques uniques	Contribution à la médecine
l'abeille					
la chauve-souris vampire					
le requin					
le scorpion	▓	▓	▓		
la vipère					
la rainette			▓		
la sangsue	▓				

→ LIVRE p. 46

42 *On y va! 2* Copyright © Addison Wesley

Les animaux et la recherche médicale

JOUONS!   ÉCRIVONS!

A **Choisis des syllabes de la Boîte A et de la Boîte B pour créer des mots.**

Boîte A

mena

carti

ve   mala   sa

bles

tox

chi   panse

can   anti

Boîte B

lage   **cée**

cer

biotiques   sures

nin   mique

ments   live

ique

dies

Exemple : _menacée_

1. _____
2. _____
3. _____
4. _____
5. _____

6. _____
7. _____
8. _____
9. _____
10. _____

B **Utilise des mots de la Partie A pour compléter les phrases suivantes. Attention! Les mots ne sont pas en ordre.**

Exemple : La sangsue est _menacée_ d'extinction.

1. Le _____ est une substance toxique.

2. Le miel de l'abeille a des propriétés _____.

3. Le cartilage du requin peut bloquer le développement du _____.

4. La sangsue peut aider à guérir les _____.

5. Le serpent peut injecter un venin _____ dans ses victimes.

→ **LIVRE** p. 47

43

Le comparatif des adjectifs

ÉCOUTONS!   ÉCRIVONS!

A Écoute ces conversations. Des élèves comparent des animaux extraordinaires. Indique si on utilise *plus*, *moins* ou *aussi*. Écoute les conversations une deuxième fois. Es-tu d'accord ou pas d'accord?

				d'accord	pas d'accord
1.	plus	moins	aussi	☐	☐
2.	plus	moins	aussi	☐	☐
3.	plus	moins	aussi	☐	☐
4.	plus	moins	aussi	☐	☐
5.	plus	moins	aussi	☐	☐
6.	plus	moins	aussi	☐	☐
7.	plus	moins	aussi	☐	☐
8.	plus	moins	aussi	☐	☐
9.	plus	moins	aussi	☐	☐
10.	plus	moins	aussi	☐	☐

B Fais des comparaisons entre les animaux suivants. Utilise les adjectifs donnés.

Exemple : le bousier / l'abeille / dégoûtant *Le bousier est plus dégoûtant que l'abeille.*

1. la veuve noire / le chimpanzé / mignonne _____

   _____

2. la vipère / le scorpion / grande _____

   _____

3. les requins / les piranhas / terrifiants _____

   _____

4. l'abeille / le caméléon / active _____

   _____

5. la tortue géante / la sangsue / utile pour la médecine _____

   _____

On y va! 2 Copyright © Addison Wesley

Le superlatif des adjectifs

A **Écoute bien. Identifie l'animal et la maladie dans chaque description.**

Exemple :

| 1 | les crises cardiaques | | la circulation du sang | | le cancer |

| | l'arthrite | | les maladies du cœur | | la douleur |

B **Écris une réponse personnelle à chaque question en phrase complète. Ensuite, pose les questions à deux autres personnes de ta classe. Est-ce que tes ami(e)s pensent comme toi?**

À ton avis, quel animal est...

1. le plus fascinant? _____

_____

2. le plus terrifiant? _____

_____

3. le moins mignon? _____

_____

4. le moins intéressant? _____

_____

5. le plus mortel? _____

_____

→ LIVRE p. 49

On y va! 2 Copyright © Addison Wesley

Unité 3 : Bizarre et fascinant!

À ton tour

ÉCRIVONS! DESSINONS! PARLONS!

Concours des animaux inventés

A Avec ton ou ta partenaire, décrivez trois animaux réels dans le tableau.

Animaux réels	Aspect physique	Habitat	Nourriture	Caractéristiques uniques
1.				
2.				
3.				

B Maintenant, utilisez des éléments des trois animaux pour inventer un nouvel animal. Utilisez le pronom *on* et au moins un comparatif et un superlatif pour chaque catégorie.

Nom de l'animal inventé : _____

Aspect physique : _____

Habitat : _____

Nourriture : _____

Caractéristiques uniques : _____

C Dessinez votre animal sur une feuille de papier. Présentez votre animal à la classe.

→ **LIVRE** p. 49

On y va! 2 Copyright © Addison Wesley

La tâche finale

Voici les étapes pour réussir ta tâche finale. Coche chaque étape quand elle est terminée.

☐ J'ai choisi mon animal extraordinaire.

☐ J'ai trouvé de l'information et des photos de mon animal dans des encyclopédies et sur Internet.

☐ J'ai lu les textes d'information et j'ai pris des notes.

☐ J'ai organisé les idées importantes.

☐ J'ai composé un texte original de 20 à 25 phrases sur une feuille de papier.

☐ J'ai utilisé au moins 8 à 10 verbes différents.

☐ J'ai utilisé le pronom *on* au moins 2 fois, des comparatifs et des superlatifs au moins 5 fois.

☐ J'ai utilisé le dictionnaire pour vérifier mon texte.

☐ J'ai donné mon texte à un ou une partenaire pour faire des corrections.

☐ J'ai corrigé mon texte et j'ai fait les changements nécessaires.

☐ J'ai pensé à l'aspect visuel de mon carré pour la courtepointe.

☐ J'ai dessiné mon animal extraordinaire et j'ai décoré mon carré pour la courtepointe.

On y va! 2 Copyright © Addison Wesley

Unité 3 : Bizarre et fascinant!

Mon auto-évaluation

A Maintenant, je réussis à...	avec difficulté	avec peu de difficulté	assez bien	très bien
■ parler d'animaux extraordinaires.	☐	☐	☐	☐
■ parler de l'importance des animaux en médecine.	☐	☐	☐	☐
■ décrire des faits intéressants au sujet de quelques animaux.	☐	☐	☐	☐
■ utiliser le pronom *on*.	☐	☐	☐	☐
■ faire des comparaisons et à utiliser le superlatif des adjectifs.	☐	☐	☐	☐
■ utiliser le dictionnaire.	☐	☐	☐	☐
■ fabriquer une courtepointe en papier et à décrire un animal extraordinaire sur un carré de la courtepointe.	☐	☐	☐	☐

B   1.   Dans cette unité, j'ai beaucoup aimé...

_____

_____

2.   Dans cette unité, je n'ai pas aimé...

_____

_____

On y va! 2 Copyright © Addison Wesley

Mon vocabulaire de base

■ ■

Note le vocabulaire important de cette unité.

1. Des qualités personnelles...
   créatif / créative

2. Des cours et des matières...
   l'informatique

3. Des carrières...
   un / une pigiste

4. Des adverbes...
   complètement

5. Et aussi...

49

Choix multiples

A Écoute chaque élève se présenter et parler de la carrière ou du métier de ses rêves. <u>Souligne</u> les éléments qui vont avec chaque personne.

Écoute et regarde l'exemple.

Personne	Matières scolaires préférées	Qualités ou caractéristiques	Intérêts	Carrière
Exemple : **Amanda**	<u>les sciences</u> la musique <u>la biologie</u> <u>la chimie</u>	patiente <u>sérieuse</u> amicale <u>inventive</u>	<u>les maladies</u> les animaux l'environnement <u>les allergies</u>	médecin <u>pharmacienne</u> <u>chercheuse</u> chiropraticienne
Numéro 1 **Laurent**	les mathématiques les arts les sciences la géographie	créatif analytique organisé logique	la littérature les finances la politique les voyages	analyste financier avocat courtier banquier
Numéro 2 **Nathalie**	les langues la musique les sciences la biologie	calme simple tranquille curieuse	le théâtre les animaux la campagne les sports	technicienne dentiste vétérinaire orthophoniste
Numéro 3 **Ian**	les langues les arts l'histoire la musique	curieux sociable sportif amical	la photographie la télévision la radio la technologie	producteur annonceur cameraman journaliste
Numéro 4 **Camille**	les langues la géographie la musique la physique	organisée ambitieuse artistique créative	le cinéma la cuisine les musées les voyages	historienne professeure dessinatrice musicienne
Numéro 5 **Sébastien**	la chimie les sciences les mathématiques les arts	sportif indépendant sérieux créatif	la mécanique la construction les autos les ordinateurs	électricien détective mécanicien policier

B Choisis une personne de la Partie A. À l'oral, fais une description de cette personne. Utilise les mots soulignés pour faire la description. Qui est-ce? La classe va deviner qui est la personne que tu décris.

→ LIVRE p. 52

Quelle carrière?

Trouve les réponses aux questions suivantes dans le texte _Quelle carrière?_ aux pages 52-55 de ton livre. Réponds en phrases complètes.

1. Pourquoi est-ce que Martine attend son cousin?

_____.

2. Quels cours est-ce que Robert a pris à l'école secondaire?

_____.

3. Où est-ce que Luc a discuté de sa future carrière?

_____.

4. Pourquoi Martine pense-t-elle que Luc a du talent pour devenir cameraman?

_____.

5. Comment est-ce que l'oncle de Tanya est devenu chocolatier?

_____.

6. Est-ce que la compagnie de confiserie belge a eu du succès avec les truffes aux piments rouges et aux carottes?

_____.

7. Pourquoi est-ce que Martine veut faire une carrière scientifique?

_____.

8. Quels cours est-ce que Tanya veut prendre au secondaire pour devenir agente de bord?

_____.

9. Quelle est ta matière scolaire préférée? Pourquoi?

_____

_____.

10. Quelle carrière t'intéresse? Pourquoi?

_____

_____.

→ **LIVRE** p. 56

Quelles études... quelles carrières?

ÉCOUTONS!

Écoute bien les profils des dix personnes. Choisis et encercle la bonne réponse pour compléter chaque phrase.

1. Danielle est guide touristique. Elle a étudié...
   a) l'histoire et la politique du Canada.
   b) la géographie, l'histoire et les sciences.
   c) la musique, l'histoire et les arts.

2. Samuel est bijoutier. Il a pris des cours...
   a) d'art, de dessin et de cuisine.
   b) de finance, de design et d'orfèvrerie.
   c) d'art, de design et d'orfèvrerie.

3. Audrey est maintenant avocate. Elle a étudié...
   a) la géographie, les sciences humaines et l'histoire.
   b) l'anglais, le français et les sciences.
   c) l'anglais, les sciences humaines et l'histoire.

4. Jean-Luc est chroniqueur sportif. Il a suivi des cours...
   a) d'anglais, de français et de journalisme.
   b) d'anglais, de sport et de journalisme.
   c) de français, de sport et de journalisme.

5. Samantha est maintenant modiste. Elle a pris des cours...
   a) d'art et de design.   **b)** de dessin de mode.   **c)** de mode et de design.

6. Raphaël est ambulancier. À l'école secondaire, il a fait des études...
   a) en sciences et en mathématiques.
   b) en langues et en informatique.
   c) en sciences et en technologie.

7. Angela est professeure de mathématiques. Elle a pris des cours au secondaire et à l'université...
   a) en sciences humaines et en géographie.
   b) en mathématiques et en sciences.
   c) en histoire et en mathématiques.

8. Vincent est politicien au gouvernement fédéral. Il a appris...
   a) l'histoire, la géographie, les langues et les mathématiques.
   b) la géographie, les sciences, les langues et les mathématiques.
   c) l'histoire, la géographie, l'informatique et les mathématiques.

9. Marie-Claire est gardienne dans une garderie. Elle a étudié...
   a) la sociologie.   **b)** la psychologie.   **c)** la biologie.

10. Amir est dentiste dans une petite ville. Il a étudié...
    a) la biologie et les mathématiques.   **b)** la biologie et la chimie.
    c) la chimie et les mathématiques.

On y va! 2 Copyright © Addison Wesley

Mots croisés

JOUONS!

Complète la grille. Trouve les mots qui vont avec les définitions. Ne mets pas d'accents. Utilise ton dictionnaire.

Horizontalement :

1. C'est un homme qui protège la communauté contre les criminels.

2. C'est un homme qui travaille en administration.

3. C'est une femme qui travaille dans le domaine technique.

4. C'est une femme qui fait de la rédaction et corrige des textes.

5. C'est quelqu'un qui travaille dans le domaine des sciences.

6. C'est quelqu'un qui soigne les dents.

7. C'est un homme qui fait de la musique.

8. C'est une femme qui coiffe les gens; elle coupe les cheveux.

9. C'est une femme qui traduit des textes.

10. C'est quelqu'un qui écrit pour un journal.

Verticalement :

1. C'est quelqu'un qui conduit un avion.

2. C'est un homme qui écrit des livres.

3. C'est quelqu'un qui juge et prend des décisions à la cour.

4. C'est une personne qui travaille dans un bureau.

5. C'est un homme qui enseigne.

6. C'est un homme qui aide les docteurs et les malades à l'hôpital.

7. C'est un homme qui interprète les lois.

8. C'est une femme qui conduit un autobus.

9. C'est un homme qui sert de la nourriture dans un restaurant.

10. C'est un homme qui répare les autos.

→ **LIVRE** p. 57

On y va! 2 Copyright © Addison Wesley

Unité 4 : Choix multiples

Passé, présent ou futur?

ÉCOUTONS!

Écoute les phrases suivantes. Détermine si chaque phrase est au *passé composé*, au *présent* ou au *futur proche*. Encercle la bonne réponse.

Le passé composé	Le présent	Le futur proche
1. a) Nous avons étudié…	**b)** Nous étudions…	**c)** Nous allons étudier…
2. a) …vous avez fait…	**b)** …vous faites…	**c)** …vous allez faire…
3. a) Jennifer et Sarah n'ont pas choisi…	**b)** Jennifer et Sarah ne choisissent pas…	**c)** Jennifer et Sarah ne vont pas choisir…
4. a) Tu n'as pas aimé…	**b)** Tu n'aimes pas…	**c)** Tu ne vas pas aimer…
5. a) …vous avez entendu…	**b)** …vous entendez…	**c)** vous allez entendre…
6. a) Nous avons choisi…	**b)** Nous choisissons…	**c)** Nous allons choisir…
7. a) J'ai parlé…	**b)** Je parle…	**c)** Je vais parler…
8. a) …tu as été…	**b)** …tu es…	**c)** …tu vas être…
9. a) Les scientifiques ont travaillé…	**b)** Les scientifiques travaillent…	**c)** Les scientifiques vont travailler…
10. a) Mon frère a attendu…	**b)** Mon frère attend…	**c)** Mon frère va attendre…
11. a) On n'a pas navigué…	**b)** On ne navigue pas…	**c)** On ne va pas naviguer…
12. a) J'ai continué…	**b)** Je continue…	**c)** Je vais continuer…
13. a) Il n'a pas fini…	**b)** Il ne finit pas…	**c)** Il ne va pas finir…
14. a) J'ai pris…	**b)** Je prends…	**c)** Je vais prendre…
15. a) Katia a eu…	**b)** Katia a…	**c)** Katia va avoir…

→ LIVRE p. 59

On y va! 2 Copyright © Addison Wesley

Le pronom **on**

ÉCRIVONS!

A **Remplace le sujet en italique par le pronom *on*. N'oublie pas de faire l'accord du verbe!**

Exemple : Au Danemark, *les gens* parlent le danois.

Au Danemark, on parle le danois.

1. *Les gens* cherchent du travail pendant l'été.

   _____

2. Qu'est-ce que *nous* avons fait en classe hier?

   _____

3. *Nous* ne pouvons pas choisir nos cours aujourd'hui?

   _____

4. Est-ce qu'*ils* font de la recherche dans ce laboratoire?

   _____

5. Ma famille et moi, *nous* allons au Musée des beaux-arts demain.

   _____

B **Remplace *on* par *nous*, *les gens*, ou *quelqu'un* selon le contexte. Fais tous les changements nécessaires.**

Exemple : *On* va assister à une conférence sur les professions.

Nous allons assister à une conférence sur les professions.

1. Normalement, *on* choisit une orientation à l'école secondaire.

   _____

2. *On* a des difficultés à choisir nos carrières.

   _____

3. Est-ce qu'*on* a trouvé mon plan de cours? Je l'ai perdu ce matin.

   _____

4. *On* frappe à la porte de la classe. Je me demande qui c'est...

   _____

5. Qu'est-ce qu'*on* fait pour notre tâche finale?

   _____

➔ **LIVRE** p. 59

On y va! 2 Copyright © Addison Wesley

Unité 4 : Choix multiples

Des adverbes en -ment

A Crée des adverbes en *-ment* avec les adjectifs suivants. Utilise un dictionnaire si c'est nécessaire.

Exemple : lent _____lentement_____

calme _____	exact _____	probable_____
certain _____	facile _____	rare _____
complet _____	général _____	réel _____
dernier _____	naturel _____	sérieux _____
direct _____	normal _____	sûr _____

B Maintenant, complète les phrases suivantes. Transforme les adjectifs entre parenthèses en adverbes.

Exemple : C'est _____ le travail que je cherche. (exact)
C'est _____exactement_____ le travail que je cherche.

1. _____, est-ce que tu étudies dans la bibliothèque après l'école? (Normal)

2. _____, il y a plusieurs carrières dans le même domaine. (Général)

3. C'est _____ la carrière de mes rêves! (juste)

4. Est-ce que vous allez _____ à la maison après l'école? (direct)

5. Tu as _____ les qualités requises pour faire ce travail! (certain)

6. C'est _____ le type d'emploi que je cherche. C'est parfait pour moi! (exact)

7. Nicholas va _____ passer son examen demain. (sûr)

8. Il reste _____ cinq minutes avant que la classe d'orientation commence. (seul)

9. _____, Diane va continuer en sciences pour devenir scientifique. (Naturel)

10. C'est _____ la meilleure carrière pour toi. (probable)

Qu'est-ce que tu fais dans la vie?

JOUONS!

Relie chaque métier ou carrière à sa description. Utilise ton dictionnaire.

1. bibliothécaire

2. boulanger-pâtissier / boulangère-pâtissière

3. chocolatier / chocolatière

4. concepteur / conceptrice de décors

5. dresseur / dresseuse de chiens

6. fleuriste

7. ingénieur / ingénieure en informatique

8. journaliste en sport

9. luthier / luthière

10. océanographe

A. Personne qui apprend aux chiens à accomplir différentes tâches et à obéir à des ordres spécifiques.

B. Personne qui crée et vend des compositions florales.

C. Personne qui s'occupe de la conservation et de l'organisation des livres et d'autres ressources dans une bibliothèque.

D. Personne qui fabrique et vend des chocolats (des tablettes, des truffes, des bonbons, etc.).

E. Personne qui crée les décors pour des pièces de théâtre, des films ou des émissions télévisées.

F. Personne qui développe de l'équipement et des langages informatiques ainsi que des logiciels.

G. Personne qui écrit des articles sur des événements sportifs pour un journal ou un magazine.

H. Personne qui étudie les océans et les organismes marins. Elle étudie, par exemple, les conséquences de la pollution et de la pêche sur la vie marine.

I. Personne qui fabrique et répare des instruments de musique en bois (guitares, violons, etc.).

J. Personne qui prépare et vend du pain, des tartes, des gâteaux et d'autres pâtisseries.

→ LIVRE p. 60

À ton tour : Cartes de carrière

ÉCOUTONS!

Écoute l'histoire de Suzanne et complète les cartes de carrière. Que devient la classe de 1990?

HAKIM

Carrière : Gérant d'un _____ de vêtements

Description : *Il prépare les heures de travail de ses* _____.

Intérêts associés à cette carrière : _____

Qualités personnelles requises : _____, *ambitieux*

Formation : *collège*

      Certificat : *affaires*

      Cours : *marketing* , *gestion* , *comptabilité*

Carrières associées : _____

PHILIPPE

Carrière : _____ de chiens

Description : *Il garde les chiens de ses* _____.

Intérêts associés à cette carrière : _____

Qualités personnelles requises : _____, *sensible*

Formation : *pratique*

      Cours : *dressage*

Carrières associées : _____

ANDRIANNE

Carrière : _____ d'orchestre

Description : *Elle* _____ *les pièces musicales.*

Intérêts associés à cette carrière : *la musique*

Qualités personnelles requises : _____, *expressive* , *enthousiaste*

Formation : _____

      Programme : _____

      Cours : *orchestration* , *composition* , *théorie*

Carrières associées : *professeure de musique*

→ **LIVRE** p. 61

Unité 4 : Choix multiples   *On y va! 2* Copyright © Addison Wesley

La tâche finale

Écoute le profil de Andrew Flynn. Remplis les tirets avec les mots qui manquent.

Mon nom est Andrew Flynn et je suis _____ en musique. Qu'est-ce que c'est qu'un journaliste? C'est une personne qui _____ pour un journal, une station de radio ou un _____ de télévision. Moi, je travaille pour un *service de nouvelles* _____ (comme *Reuters* ou *Associated Press*). Je travaille pour *Canadian Press.*

Normalement, j'écris des _____ sur toutes sortes de musique : le rock, le jazz, la musique classique, pop, etc. Je fais des _____ avec des musiciens ou avec des chanteurs de rock ou de jazz. Je leur pose des _____ et après, j'écris un article sur notre entrevue. Quelquefois, le photographe et moi, on _____ à un concert de musique.

Récemment, j'ai fait une entrevue avec un groupe rock et après, j'ai assisté au _____. Après, on m'a _____ à écouter le concert de l'arrière-scène.

Comment est-ce que j'ai choisi cette _____? J'ai toujours aimé _____ et j'aime raconter des histoires. Aussi, j'aime utiliser les _____ d'une situation pour écrire un article.

À l'école secondaire, j'ai suivi des _____ de français, de littérature et d'_____. Les journalistes doivent _____ beaucoup de choses sur plusieurs _____. Dans cette carrière, c'est utile d'avoir des _____ variées.

À l'université, j'ai fait une maîtrise en _____. J'ai suivi des cours de droit, de journalisme, de radio, de télévision, de _____ et de photographie.

Mon auto-évaluation

■ ■

A Maintenant, je réussis à...	avec difficulté	avec peu de difficulté	assez bien	très bien
■ parler de carrières intéressantes.	☐	☐	☐	☐
■ me renseigner sur des carrières et des métiers fascinants.	☐	☐	☐	☐
■ identifier comment on se prépare pour une carrière ou un métier.	☐	☐	☐	☐
■ utiliser le *passé composé* avec *avoir*.	☐	☐	☐	☐
■ utiliser le pronom *on*.	☐	☐	☐	☐
■ utiliser les adverbes en *–ment*.	☐	☐	☐	☐
■ décrire et à présenter le profil d'une personne qui a la carrière ou le métier de mes rêves.	☐	☐	☐	☐

B **1. Dans cette unité, j'ai beaucoup aimé...**

_____

_____

2. Dans cette unité, je n'ai pas aimé...

_____

_____

  On y va! 2 Copyright © Addison Wesley

Mon vocabulaire de base

Note le vocabulaire important de cette unité.

1. Pour parler des diverses formes d'art...

   la poterie

   _____   _____

   _____   _____

2. Pour parler du matériel utilisé par les artistes...

   un pinceau

   _____   _____

   _____   _____

3. Pour parler des métiers artistiques...

   un / une sculpteur(e)

   _____   _____

   _____   _____

4. Pour parler d'une œuvre ou d'une exposition d'art...

   original(e)

   _____   _____

   _____   _____

5. Et aussi...

   _____   _____

   _____   _____

L'art sans limites

A Écoute bien. Regarde les images aux pages 62-63 de ton livre. Choisis la bonne lettre pour indiquer la forme d'art ou le matériel qui correspond à chaque description.

1. _____   2. _____   3. _____   4. _____   5. _____

6. _____   7. _____   8. _____   9. _____   10. _____

B Regarde les images ci-dessous. Identifie chaque outil. Utilise les mots utiles.

_____   _____   _____   _____

_____   _____   _____   _____

_____   _____

MOTS UTILES

de la colle	un couteau	un crayon	une gomme à effacer	du matériel recyclé
un ordinateur	de la peinture	un pinceau	une souris	une toile

→ LIVRE p. 64

On y va! 2 Copyright © Addison Wesley

L'art pour l'art

■ ■

Relis le texte _L'art pour l'art_ aux pages 64–66 de ton livre. Réponds aux questions suivantes en phrases complètes.

1. Pourquoi les possibilités d'art numérique sont-elles illimitées?

   _____.

2. Comment est-ce que l'art numérique a commencé?

   _____.

3. Quelle sorte de poterie font les élèves de Mme Chapin?

   _____.

4. Quel est le matériel nécessaire pour faire de la céramique?

   _____.

5. Pourquoi est-ce que les projets à la foire des sciences sont innovateurs cette année?

   _____.

6. Qu'est-ce qu'on doit apporter au club des BD?

   _____.

7. Qu'est-ce qu'on peut apprendre dans le club des BD?

   _____.

8. Quelles sont les trois étapes pour faire de l'art sur tissu?

   _____.

9. Quelle forme d'art mentionnée dans _L'art pour l'art_ préfères-tu? Pourquoi?

   _____

   _____.

10. Imagine que tu as présenté cette forme d'art à une exposition artistique. Qu'est-ce que tu as créé?

    _____.

→ **LIVRE** p. 67

_On y va! 2_ Copyright © Addison Wesley

Unité 5 : L'art sans limites

L'art comme métier

A Écoute les descriptions des métiers artistiques illustrés ci-dessous. Mets le numéro de sa description à côté de chaque image.

1

☐

☐

☐

☐

☐

B Regarde encore les images de la Partie A. Écris une phrase pour indiquer le métier artistique de chaque personne. Utilise les mots utiles.

1. Il est potier. _____

2. _____

3. _____

4. _____

5. _____

6. _____

MOTS UTILES

chef   dessinateur / dessinatrice   fleuriste   peintre   sculpteur / sculpteure

Mots croisés

JOUONS!

Complète la grille. Trouve les mots dans ton livre. Ne mets pas d'accents.

Horizontalement :

1. On pratique la _____ depuis 9 000 ans.

2. Un _____, c'est un dessin en mouvement.

3. On utilise une _____ pour effacer des erreurs dans une bande dessinée.

4. On utilise un _____ pour faire de la peinture.

5. On fait de la peinture sur une _____.

6. On utilise un _____ pour l'art numérique.

7. L'art sur _____, c'est de l'art prêt-à-porter.

Verticalement :

8. On peut voir des œuvres à une _____ d'art.

9. On décore le tissu avec des _____.

10. L'abréviation de bande dessinée est _____.

11. Le travail d'un ou d'une artiste, c'est une _____ d'art.

12. On utilise de l'_____ pour faire de la poterie.

13. On peut utiliser du _____ dans une œuvre d'art recyclé.

14. On utilise une _____ pour mettre de l'eau sur l'argile quand on fait de la poterie.

15. Pour faire de l'art sur un t-shirt, on doit _____ le dessin sur le tissu.

→ **LIVRE** p. 68

On y va! 2 Copyright © Addison Wesley

Unité 5 : L'art sans limites

Une artiste négative

A **Gérard fait une entrevue avec l'artiste, Simone de Beauxarts. Simone est une artiste négative. Écris les réponses de Simone à la forme négative.**

Exemple : Est-ce que tu utilises *de la* peinture noire dans tes tableaux?

Non, je n'utilise pas de peinture noire dans mes tableaux.

Gérard : Est-ce qu'il y a *des* artistes que tu admires?

Simone : _____

Gérard : Est-ce que tu connais *un* artiste plus célèbre que toi?

Simone : _____

Gérard : Est-ce que tu as vu *des* expositions avant de devenir artiste?

Simone : _____

Gérard : Est-ce qu'on doit avoir *de l'*expérience pour être artiste?

Simone : _____

Gérard : As-tu *de la* patience avec les jeunes artistes?

Simone : _____

Gérard : As-tu *une* période préférée dans l'histoire de l'art?

Simone : _____

Gérard : As-tu *des* sujets préférés?

Simone : _____

Gérard : Est-ce que tu as déjà utilisé *du* matériel recyclé?

Simone : _____

Gérard : As-tu *des* conseils à donner aux jeunes artistes?

Simone : _____

Gérard : Est-ce que tu as *des* amis dans la communauté artistique?

Simone : _____

B **Lis le dialogue à voix haute avec un ou une partenaire.**

Les substituts

Écoute bien. Gérard te propose d'utiliser des substituts si tu n'as pas de matériel d'artiste. Complète chaque phrase avec les mots utiles. Attention à l'emploi du partitif à l'affirmatif et au négatif!

1. Si tu n'as pas _de peinture_, tu peux utiliser _du_ vernis à ongles.

2. Si tu n'as pas _____, tu peux utiliser _____ canettes en aluminium.

3. Si tu n'as pas _____, tu peux utiliser _____ farine, _____ sel, et _____eau.

4. Si tu n'as pas _____, tu peux utiliser _____ carton.

5. Si tu n'as pas _____, tu peux utiliser _____ mur.

6. Si tu n'as pas _____, tu peux utiliser _____ colorants alimentaires.

7. Si tu n'as pas _____ pour peinture, tu peux utiliser _____ fixatif pour cheveux.

8. Si tu n'as pas _____ de poterie, tu peux utiliser _____ cure-dent.

9. Si tu n'as pas _____, tu peux utiliser _____ boutons.

10. Si tu n'as pas _____, tu peux utiliser _____ éponge.

MOTS UTILES

un (x2) une	du (x4)	de la	de l'	des (x3)
d'aquarelle	d'argile	de couteau	de métal	de papier
de peinture	de perles	de pinceau	de toile	de vernis

→ **LIVRE** p. 70

On y va! 2 Copyright © Addison Wesley

Unité 5 : L'art sans limites

À chacun son passe-temps

LISONS! ÉCRIVONS!

A **Lis les descriptions dans la colonne A. Ensuite, choisis un projet artistique dans la colonne B qui correspond aux intérêts ou aux passe-temps des élèves.**

Colonne A

_____ **1.** Margot et Ben aiment les sciences.

_____ **2.** Thomas aime la musique.

_____ **3.** Paul aime le cinéma.

_____ **4.** Marco et Tania aiment l'animation.

_____ **5.** Julia aime construire des modèles.

_____ **6.** Sima et Emma aiment le hockey.

_____ **7.** Samantha aime les maths.

_____ **8.** Kelly et Kristen aiment la mode.

_____ **9.** Tim aime l'histoire.

_____ **10.** Dave et Andrew aiment les autos sports.

Colonne B

a) une maquette de la tour Eiffel faite en cure-dents

b) une mosaïque d'une Jaguar

c) une guitare en papier mâché

d) une feuille d'érable sculptée sur une pomme de terre et imprimée à répétition en bleu sur un t-shirt

e) un robot en matériel recyclé

f) un collage des styles du XXe siècle

g) une peinture en acrylique des origines de l'homme

h) un dessin animé fait sur ordinateur

i) une figurine en argile de Charlie Chaplin

j) un mobile de formes géométriques en trois dimensions

B **Nomme un ou deux de tes intérêts ou passe-temps. Ensuite pense à un projet artistique qui correspond à ces intérêts.**

_____   _____

_____   _____

→ LIVRE p. 70

Unité 5 : L'art sans limites   *On y va! 2* Copyright © Addison Wesley

À la tâche

ÉCRIVONS!

Exprime-toi!

A **Crée une œuvre d'art pour l'exposition de la classe et décris comment tu as créé cette œuvre.**

1. Quelle forme d'art choisis-tu?

   _____.

2. Quel est le thème de ton œuvre (la nature, la musique, etc.)?

   _____.

3. Quel sujet ou quelle idée veux-tu exprimer (une forêt, un violon, etc.)?

   _____.

4. Quel matériel utilises-tu?

   _____

   _____.

5. Quelles sont les étapes de création de ton œuvre?

   _____

   _____

   _____

   _____

   _____.

B **Complète une carte d'information sur du carton. Utilise la carte ci-dessous comme modèle. Place cette carte à côté de ton œuvre.**

Le titre de l'œuvre : _____

La forme d'art : _____

Le nom de l'artiste : _____

La date de création : _____

La ville où habite l'artiste : _____

→ **LIVRE** p. 71

Unité 5 : L'art sans limites

Le recycl-art

Relis le texte *Le recycl-art* aux pages 71-74 de ton livre. Réponds aux questions suivantes en phrases complètes.

1. Pourquoi Mariko est-elle très nerveuse?

    _____.

2. Quel est le titre du projet de Mariko?

    _____.

3. Que représentent le tronc et les branches de sa sculpture?

    _____.

4. Nomme trois objets utilisés comme symboles dans sa sculpture. Que représente chaque symbole?

    _____.

    _____.

5. Quel est le thème de son œuvre?

    _____.

6. Quel est le seul matériel non recyclé dans la sculpture de Mariko?

    _____.

7. Où a-t-elle trouvé le matériel pour les symboles?

    _____.

8. Quelle a été la source d'inspiration de Mariko?

    _____.

9. Nomme trois métiers qu'on peut ajouter à l'arbre. Selon toi, quels symboles peuvent représenter ces métiers?

    _____.

    _____.

10. Pourquoi penses-tu que des artistes utilisent du matériel recyclé dans des œuvres d'art?

    _____.

    _____.

→ **LIVRE** p. 74

Le musée d'art

ÉCRIVONS!

A Écris des phrases pour décrire l'œuvre d'art ci-dessous.

1. La forme d'art : ____

____

2. Le thème : ____

____

3. Le sujet : ____

____

4. Le matériel nécessaire : ____

____

5. Ton impression personnelle et pourquoi : ____

____

B Compare tes phrases avec celles de ton ou ta partenaire.

→ LIVRE p. 75

Le chien de Passo Picablo

Écoute bien. Passo Picablo est un artiste très célèbre, mais son style est un peu excentrique. Il a fait le portrait de son chien, mais le chien de Passo ne ressemble pas aux autres!

Réponds aux questions suivantes. Remplace les mots en italique avec le pronom *en*. Ensuite, dessine le portrait du chien de Passo selon la description.

Exemple : Combien de *pattes* le chien de Passo a-t-il?   <u>Il en a six.</u>

1. Combien de *queues* le chien de Passo a-t-il? _____.

2. Combien de *têtes* le chien de Passo a-t-il? _____.

3. Combien d'*oreilles* le chien de Passo a-t-il? _____.

4. Combien de *nez* le chien de Passo a-t-il?_____.

5. Combien de *bouches* le chien de Passo a-t-il? _____.

6. Combien d'*yeux* le chien de Passo a-t-il? _____.

7. Combien de *colliers* le chien de Passo a-t-il? _____.

8. Combien de *laisses* le chien de Passo a-t-il? _____.

9. Combien de *chapeaux* le chien de Passo a-t-il? _____.

10. Combien d'*os* le chien de Passo mange-t-il? _____.

Unité 5 : L'art sans limites   *On y va! 2* Copyright © Addison Wesley

Le pronom en

Réponds aux questions à l'affirmatif ou au négatif. Remplace les mots en italique par le pronom *en*. Attention à la place du pronom dans la phrase!

Exemple : Est-ce qu'on utilise *du papier* pour faire de l'art numérique?
Oui, on en utilise! ou _Non, on n'en utilise pas!_

Est-ce qu'on utilise...

1. *de l'argile* pour faire de la poterie? _____!

2. *des bouteilles* pour faire de l'art numérique?_____!

3. *des perles* pour faire de l'art sur tissu? _____!

4. *de la peinture* pour faire de l'art numérique?_____!

5. *un couteau* pour faire de la poterie? _____!

Exemple : Est-ce que tu as déjà fait *de la poterie*?
Oui, j'en ai fait! ou _Non, je n'en ai pas fait!_

Est-ce que tu as déjà fait...

1. *de la peinture à l'huile*?_____!

2. *de l'art numérique*? _____!

3. *des bandes dessinées*? _____!

4. *de l'art recyclé*? _____!

5. *un collage*? _____!

Exemple : Est-ce que ton ami(e) veut faire *de la peinture sur bois*?
Oui, il / elle veut en faire! ou _Non, il / elle ne veut pas en faire!_

Est-ce que ton ami(e) veut faire...

1. *de l'art sur tissu*? _____!

2. *du papier mâché*? _____!

3. *de l'aquarelle*? _____!

4. *de la sculpture*? _____!

5. *une mosaïque*? _____!

→ **LIVRE** p. 77

On y va! 2 Copyright © Addison Wesley

Unité 5 : L'art sans limites

À ton tour

ÉCRIVONS! PARLONS!

Portrait d'un artiste

A **Imagine que tu es un ou une artiste célèbre. Ton œuvre fait partie de l'exposition d'art de ton école. Un journaliste te pose les questions suivantes. Comment vas-tu répondre?**

1. Comment s'appelle ton œuvre?

   _____

2. Quel est le thème de ton œuvre?

   _____

3. Quel matériel as-tu utilisé?

   _____

4. Où as-tu trouvé ce matériel?

   _____

5. Combien de temps as-tu mis pour créer ton œuvre?

   _____

B **Imagine maintenant que tu es journaliste. Quelles autres questions vas-tu poser à un ou une artiste?**

1. _____

2. _____

3. _____

4. _____

5. _____

C **Avec un ou une partenaire, présentez un dialogue entre un ou une artiste et un ou une journaliste. Changez de rôle.**

→ LIVRE p. 77

La tâche finale

A **Tu vas maintenant présenter ton œuvre. Utilise les catégories suivantes pour organiser tes idées.**

Le titre de l'œuvre : _____

La forme d'art : _____

Le thème : _____

Le sujet : _____

Le matériel nécessaire : _____

_____

_____

Les étapes de fabrication du projet : _____

_____

_____

_____

La description du projet (Qu'est-ce que chaque élément de ton projet représente?) :

_____

_____

_____

_____

_____

Ta source d'inspiration : _____

_____

_____

B **Organise tes idées. Fais des phrases complètes et vérifie ton orthographe. Relis ta présentation au moins trois fois pour pratiquer. Attention à la prononciation!**

Mon auto-évaluation

A Maintenant, je réussis à...	avec difficulté	avec peu de difficulté	assez bien	très bien
▪ parler de plusieurs formes d'art.	☐	☐	☐	☐
▪ parler de mes opinions et de mes préférences dans les arts.	☐	☐	☐	☐
▪ comprendre comment créer diverses formes d'art.	☐	☐	☐	☐
▪ identifier le matériel qu'on utilise pour créer ces formes d'art.	☐	☐	☐	☐
▪ utiliser le partitif avec la négation.	☐	☐	☐	☐
▪ utiliser le pronom *en*.	☐	☐	☐	☐
▪ regarder les photos et les illustrations pour bien comprendre un texte.	☐	☐	☐	☐
▪ créer une œuvre d'art, à faire une description de mon œuvre et à la présenter à l'exposition d'art de ma classe.	☐	☐	☐	☐

B 1. Dans cette unité, j'ai beaucoup aimé...

_____

_____

_____

2. Dans cette unité, je n'ai pas aimé...

_____

_____

_____

     On y va! 2 Copyright © Addison Wesley

Mon vocabulaire de base

■ ■

1. Pour parler des phénomènes naturels...

un rocher

_____

2. Pour parler des personnages d'une légende...

un homme affamé

_____

3. Pour parler de la chronologie d'une histoire...

Il y a très longtemps...

_____

4. Pour parler des lieux d'une légende...

Percé

_____

5. Les verbes au passé composé avec _être_

est entré

_____

6. Et aussi...

_____

_____

77

Des phénomènes naturels et des légendes

ÉCOUTONS!

A **Écoute bien. Associe les descriptions que tu entends aux phénomènes naturels ci-dessous. Écris le numéro de la description à côté de chaque phénomène.**

☐ Le mont Kilauea aux îles Hawaï

C'est l'histoire de la _____ et d'un _____.

☐ L'arc-en-ciel

C'est l'histoire du _____ en forme d'_____.

☐ Les conifères

C'est l'histoire d'un petit _____ et du _____.

☐ La baie d'Halong au Viêtnam

C'est l'histoire d'un _____ et de sa _____.

☐ Le porc-épic

C'est l'histoire de la _____ et d'une _____.

B **Écoute les descriptions une deuxième fois. Complète les phrases de la Partie A. Identifie les éléments dans chaque légende à l'aide des mots utiles.**

MOTS UTILES

arc-en-ciel	dauphins	déesse du feu
dragon	oiseau	princesse
punition	queue	serpent
vanité	vent du Nord	volcan

→ **LIVRE** p. 80

On y va! 2 Copyright © Addison Wesley

La légende du Rocher Percé

Réponds aux questions suivantes en phrases complètes. Relis le texte *La légende du Rocher Percé* aux pages 80-84 de ton livre.

1. Identifie le phénomène naturel.

   a) Quel phénomène naturel est-ce que cette légende explique? _____

   _____.

   b) Comment est-ce que les géologues ont expliqué ce phénomène? _____

   _____.

2. **a)** Identifie le temps. La légende se passe au _____ siècle.

   b) Identifie les lieux. _____ _____ _____

   _____ _____

3. Identifie les personnages. _____ _____ _____

   _____ _____

4. Identifie les événements de la légende. Place ces événements en ordre chronologique.

   ☐ Un vent mystérieux a pris contrôle du bateau.

   ☐ Les pirates ont attaqué le navire français.

   ☐ Le bateau de pirates est devenu une masse compacte de roc.

   ☐ Le capitaine des pirates veut épouser Blanche.

   ☐ **1** Raymond est parti avec son régiment. Blanche est devenue triste.

   ☐ Le capitaine a dirigé le bateau de pirates vers la Nouvelle-France.

   ☐ Blanche est tombée dans la mer quand elle a essayé de se sauver.

   ☐ Tous les Français sur le bateau sont morts sauf Blanche.

   ☐ Les pirates ont vu le fantôme de Blanche.

   ☐ Blanche est partie avec son oncle pour la Nouvelle-France.

5. Quelle explication est-ce que tu préfères, celle des géologues ou celle des gens de la région? Pourquoi? _____

   _____.

   → LIVRE p. 84

Le bateau de pirates

ÉCOUTONS! PARLONS!

A Voici deux aide-mémoire pour les verbes au *passé composé* conjugués avec l'auxiliaire *être* : une illustration et une histoire de pirates. Utilise l'aide-mémoire que tu trouves le plus facile.

On y va! 2 Copyright © Addison Wesley

B Écoute l'histoire d'une journée typique sur un bateau de pirates. Complète les phrases avec les verbes que tu entends.

1. Un pirate _____ _____ un beau jour en 1750.

2. Un pirate _____ _____ sur le bateau avec toutes ses possessions.

3. Un pirate _____ _____ parce qu'il rêve d'épouser une belle fille.

4. Un pirate _____ _____ au bateau parce qu'il préfère la vie de pirate!

5. Un pirate _____ _____ en haut du mât pour surveiller l'horizon.

6. Un autre pirate _____ _____ dans la cale du bateau avec un sac de provisions.

7. Un pirate _____ _____ du mât! Aïe! Aïe!

8. Un pirate _____ _____ dans la cabine du capitaine avec un message dans une bouteille.

9. Un pirate _____ _____ de la cabine du capitaine avec des directives.

10. Un autre _____ _____ à la cabine pour parler au capitaine. Il a apporté une carte mystérieuse.

11. Un pirate _____ _____ à l'avant du bateau pour laver le plancher.

12. Un pirate _____ _____ à table pour manger.

13. Un pirate _____ _____ malade parce qu'il a trop mangé.

14. Un vieux pirate _____ _____ à l'âge de 100 ans. Il a adoré la vie de pirate.

C Regarde l'illustration de la Partie A. Écris le numéro du pirate dans la boîte à côté de chaque phrase de la Partie B.

D Avec un ou une partenaire, lisez plusieurs fois la Partie B à voix haute. Chaque fois, changez le sujet (*je*, *tu*, *nous*, *vous* et *ils*). Attention à la forme correspondante du verbe!

→ **LIVRE** p. 85

On y va! 2 Copyright © Addison Wesley Unité 6 : Raconte-moi...

Le passé composé

A Écoute les phrases. Est-ce que l'action est au *présent* ou au *passé composé*? Coche la bonne case.

	1	2	3	4	5	6	7	8	9	10
présent	☐	☐	☐	☐	☐	☐	☐	☐	☐	☐
passé composé	☐	☐	☐	☐	☐	☐	☐	☐	☐	☐

B Écoute les phrases suivantes. Est-ce que l'action est à l'affirmatif ou au négatif? Coche la bonne case.

	1	2	3	4	5
affirmatif	☐	☐	☐	☐	☐
négatif	☐	☐	☐	☐	☐

C Écris les phrases suivantes au négatif.

Exemple : Est-ce que nous sommes retournés à Québec?

  Non, vous n'êtes pas retournés à Québec.

1. Est-ce que Raymond est né au Canada?

  _____.

2. Est-ce que tu es allé en Gaspésie pour voir le Rocher Percé?

  _____.

3. Est-ce que les pirates sont morts dans la bataille?

  _____.

4. Est-ce que vous êtes retournés au Rocher Percé?

  _____.

5. Est-ce que Blanche est montée en haut du mât?

  _____.

L'accord du participe passé avec **être**

Utilise un des aide-mémoire aux pages 80-81 du cahier pour écrire les verbes qui prennent *être* au *passé composé*. Écris les quatre formes de chaque participe passé.

Infinitif	Masculin singulier	Féminin singulier	Masculin pluriel	Féminin pluriel
1. naître	né	née	nés	nées
2. devenir	devenu	devenue	devenus	devenues
3. rentrer	rentré	rentrée	rentrés	rentrées
4. monter	monté	montée	montés	montées
5. retourner	retourné	retournée	retournés	retournées
6. sortir	sorti	sortie	sortis	sorties
7. venir	venu	venue	venus	venues
8. aller	allé	allée	allés	allés
9. descendre	descendu	descendue	descendus	descendues
10. entrer	entré	entrée	entrés	entrées
11. revenir	revenu	revenue	revenus	revenues
12. tomber	tombé	tombée	tombés	tombées
13. rester	resté	restée	restés	restées
14. arriver	arrivé	arrivée	arrivés	arrivées

On y va! 2 Copyright © Addison Wesley

Unité 6 : Raconte-moi...

Le passé composé

Écris le verbe entre parenthèses au *passé composé* avec l'auxiliaire *être*. Attention à l'accord du participe passé!

1. Tous les Français _sont_ _morts_ dans la bataille. (mourir)

2. Le capitaine _est_ _retourné_ dans sa cabine. (retourner)

3. Quand tu as vu le désastre, tu _es_ _devenu_ silencieux. (devenir)

4. L'oncle de Blanche n' _est_ pas _resté_ en France. (rester)

5. Mes amis et moi _sommes montées_ au sommet du rocher. (monter)

6. Blanche _est_ _partiée_ pour la Nouvelle-France avec son oncle. (partir)

7. Elle _est_ _arrivée_ à Québec avec mes amis. (arriver)

8. Les deux mâts du navire _ont_ _tombée_ pendant la bataille. (tomber)

9. Vous _êtes_ _allés_ en Gaspésie pour les vacances. (aller)

10. Le navire français _est_ _descendu_ au fond du golfe Saint-Laurent. (descendre)

Choisis le bon verbe des mots utiles. Écris le verbe au *passé composé*. Attention à l'accord du participe passé!

1. Raymond _est entré_ dans l'armée française.

2. Les pirates _sont montés_ à bord du navire français.

3. Blanche et Raymond _sont_ _venus_ au XVIIIe siècle.

4. Nous ne _sommes_ pas _sortis_ de notre cabine pendant le voyage.

5. Je _suis_ _néc_ au Rocher Percé pour voir le rocher et les oiseaux.

MOTS UTILES

venir   entrer   sortir   monter   naître

Question en code

ÉCOUTONS! JOUONS!

A Écoute les phrases suivantes. Souligne les mots que tu entends et encercle les lettres qui restent. Attention à l'accord du participe passé!

1. Lejeunehommecestdevenurofficier. (2 lettres)

2. RaymondoetBlanchesonttombésiamoureux. (2 lettres)

3. BlancheestalléesenNouvelletFrancepourtrouverusonfiancé. (3 lettres)

4. Lesapiratessontmontésàborddunnavirefrançais. (1 lettre)

5. TouslesFrançaissontumortsdanslecombatxsaufBlanche. (2 lettres)

6. Lecapitaineveutfépouserlajeunefille. (1 lettre)

7. Blancheestrestéeadansunepetitencabinependanttoutlevoyage. (2 lettres)

8. Blanchetesttombéedanslaômer. (2 lettres)

9. LebateaudepiratemestarrivéeaulargeduvillagedePercé. (2 lettres)

10. Lebateauestdevenusunemassecompactederoc. (1 lettre)

B À l'aide des lettres encerclées, trouve la question en code.

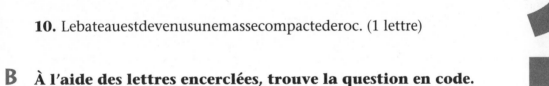

_____-__ ___ _____?

→ **LIVRE** p. 88

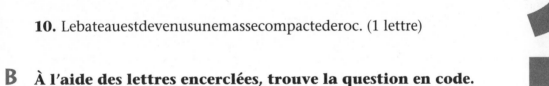

On y va! 2 Copyright © Addison Wesley

Unité 6 : Raconte-moi...

À ton tour

ÉCRIVONS! PARLONS!

Notre légende

A **Avec ton groupe, écrivez les éléments de la légende.**

Le phénomène naturel : _____

Le(s) personnage(s) : _____

Le temps et les lieux : _____

B **En groupe, écrivez une légende amusante de cinq phrases. Utilisez le plan.**

La situation initiale : (qui? où? quand? le problème...)
(1)

↓

Les événements :
(2)

(3)

(4)

↓

La situation finale : (la solution)
(5)

C **Maintenant, lisez votre légende à la classe. Qui a la légende la plus drôle? la plus bizarre? la plus amusante?**

→ **LIVRE** p. 88

À la tâche

ÉCRIVONS!

Ma légende

A **Les éléments de ma légende sont :**

Le phénomène naturel : _____

Le(s) personnage(s) : _____

Le temps et les lieux : _____

B **Écris le plan de ta légende en cinq phrases. Utilise le plan ci-dessous.**

> La situation initiale : (qui? où? quand? le problème...)
> (1)

> Les événements :
> (2)
>
> (3)
>
> (4)

> La situation finale : (la solution)
> (5)

C **Échange ton plan avec un ou une partenaire. Note ses idées et ses suggestions.**

→ **LIVRE** p. 89

On y va! 2 Copyright © Addison Wesley

Unité 6 : Raconte-moi...

La légende du sirop d'érable

A **Écoute la conversation de Kelly et de Patrick. Complète le dialogue avec les mots qui manquent. Utilise les mots utiles.**

Kelly : Tu sais, Patrick, selon une _____ amérindienne, l'_____ nous a révélé le secret de l'érable.

Patrick : Ah oui? Eh bien, moi, je suis très content parce que c'est le _____. J'adore la saison du _____ d'érable!

Kelly : Moi aussi. Ma famille et moi, sommes _____ dans un centre de conservation cette fin de semaine. Nous avons vu une belle _____ d'érables.

Patrick : As-tu marché dans la forêt, Kelly? D'habitude on fait un trou dans les _____ d'arbre.

Kelly : Oui, on a vu de l'_____ sucrée qui est sortie des arbres.

Patrick : Est-ce qu'ils ont chauffé de l'eau dans un _____?

Kelly : Absolument! Et ensuite on a mangé du sirop d'érable sur des _____. C'était délicieux!

MOTS UTILES

allés	chaudron	crêpes	écureuil	eau
forêt	légende	printemps	sirop	troncs

B **Relis la chanson *La légende du sirop d'érable*. Mets les événements de la chanson par ordre chronologique.**

[ ] De l'eau sucrée est sortie de l'arbre.

[ ] Le matin suivant, l'homme a trouvé du sirop dans le chaudron.

[ ] Le petit écureuil a mordu le tronc d'un arbre.

[1] L'homme affamé est arrivé dans la forêt.

[ ] L'homme a bu de l'eau sucrée.

[ ] L'homme a chauffé de l'eau dans le chaudron toute la nuit.

→ LIVRE p. 91

Comment l'ours a perdu sa queue...

A **Relis le texte *Comment l'ours a perdu sa queue...* aux pages 91–93 de ton livre. Réponds aux questions suivantes en phrases complètes.**

1. Décris l'ours au début de la légende.

   _____.

2. Quel animal a décidé de jouer un tour à l'ours?

   _____.

3. Pourquoi est-ce que l'ours a mis sa queue dans l'eau?

   _____.

4. Le lendemain matin, l'ours n'a pas de queue. Où est sa queue?

   _____.

5. Pourquoi est-ce que l'ours a perdu sa queue?

   _____.

B **Dessine trois images qui représentent la situation initiale, un événement et la situation finale de la légende *Comment l'ours a perdu sa queue...* À l'oral, décris chaque image à un ou une partenaire.**

La situation initiale	Un événement	La situation finale

→ **LIVRE** p. 93

Le pronom en

ÉCRIVONS! PARLONS!

A **Réponds aux questions à l'affirmatif ou au négatif. Remplace les mots en italique par le pronom *en*. Attention à la place du pronom dans la phrase!**

Exemple : Est-ce que tu mets *du sirop d'érable* sur les pommes de terre?

Oui, j'en mets! ou _Non, je n'en mets pas!_

1. Est-ce que tu mets *du sirop d'érable* sur la crème glacée? _____!

2. Est-ce que tu mets *du sirop d'érable* sur les saucisses?_____!

3. Est-ce que tu mets *du sirop d'érable* sur les crêpes? _____!

4. Est-ce que tu mets *du sirop d'érable* sur les œufs? _____!

5. Est-ce que tu mets *du sirop d'érable* sur les fruits? _____!

Exemple : Est-ce que l'homme a vu *des écureuils* dans la forêt?

Oui, il en a vu! ou _Non, il n'en a pas vu!_

1. Est-ce que l'homme a vu *des arbres* dans la forêt? _____!

2. Est-ce que l'homme a vu *des fruits* dans la forêt? _____!

3. Est-ce que l'homme a vu *de l'eau* sortir de l'arbre? _____!

4. Est-ce que l'homme a vu *de la nourriture* dans son assiette? _____!

5. Est-ce que l'homme a vu *du sirop d'érable* dans le chaudron?_____!

Exemple : Est-ce que le renard aime jouer *des tours*?

Oui, il aime en jouer! ou _Non, il n'aime pas en jouer!_

1. Est-ce que l'ours veut manger *des poissons*? _____!

2. Est-ce que l'ours veut manger *des renards*? _____!

3. Est-ce que le renard va donner *des directives* à l'ours? _____!

4. Est-ce que le renard va donner *des poissons* à l'ours? _____!

5. Est-ce que l'ours va attraper *des poissons*? _____!

B **Avec un ou une partenaire, posez les questions à voix haute et répondez sans regarder dans le cahier. Changez de rôle.**

Mots-clés : Malédiction!

PARLONS!

Avec un ou une partenaire, regardez les images et les mots-clés et racontez une histoire. Utilisez le *passé composé* et le pronom *en* au moins une fois.

Selon une légende hawaïenne, la déesse du feu prononce une *malédiction* quand les touristes prennent de la lave du volcan comme souvenir. Si les touristes rapportent la lave au volcan, la malédiction n'existe plus.

arriver, l'île d'Hawaï, heureuse

aller, un volcan, fascinant

expliquer, la déesse du feu, fâchée

partir, un souvenir, confiante

tomber, un accident, agitée

retourner, la lave, calme

→ **LIVRE** p. 95

On y va! 2 Copyright © Addison Wesley

Unité 6 : Raconte-moi...

À ton tour

Mon plan illustré

Dessine le plan illustré de ta légende. Utilise tes idées de la page 87 du cahier et ajoute au moins trois événements à ta légende. Écris trois mots-clés pour expliquer chaque illustration : un verbe, un nom, un adjectif.

→ LIVRE p. 95

On y va! 2 Copyright © Addison Wesley

La tâche finale

ÉCRIVONS!

A Utilise le plan illustré à la page 92 pour écrire ta légende. Ajoute des détails si nécessaire. Écris deux ou trois phrases pour chaque illustration.

B Demande à un ou une partenaire de corriger ton brouillon, de répondre aux questions suivantes et de signer cette section.

	OUI	NON
1. Est-ce que **le(s) personnage(s)** est (sont) présenté(s) dans l'introduction?	☐	☐
2. Est-ce que **les lieux** sont indiqués dans l'introduction?	☐	☐
3. Est-ce que **le temps** est indiqué dans l'introduction?	☐	☐
4. Est-ce qu'**un problème** est identifié dans l'introduction?	☐	☐
5. Est-ce que **les événements** sont faciles à comprendre?	☐	☐
6. Est-ce qu'il y a **une solution** au problème dans la conclusion?	☐	☐
7. Est-ce que **le phénomène naturel** est expliqué dans la conclusion?	☐	☐
8. Est-ce qu'il y a **des expressions** pour la séquence des événements?	☐	☐
9. Est-ce que la légende est au ***passé composé***?	☐	☐
10. Est-ce que **le pronom *en*** est utilisé au moins une fois?	☐	☐

Signature de ton ou ta partenaire : _____

C Suis les étapes et publie ta légende.

1. Corrige ta légende. N'oublie pas les suggestions et les corrections de ton ou ta partenaire.

2. Choisis un format pour ta légende : un petit livre, une affiche, une bande dessinée ou une présentation à l'ordinateur.

3. Prépare la version finale de ta légende.

4. Ajoute des photos ou des illustrations.

5. Présente ta légende en classe.

Mon auto-évaluation

A Maintenant, je réussis à...	avec difficulté	avec peu de difficulté	assez bien	très bien
▪ parler des phénomènes naturels.	☐	☐	☐	☐
▪ parler des éléments d'une légende.	☐	☐	☐	☐
▪ raconter une bonne histoire.	☐	☐	☐	☐
▪ comprendre des légendes.	☐	☐	☐	☐
▪ utiliser les verbes au passé composé avec *être*.	☐	☐	☐	☐
▪ trouver le sens d'un nouveau mot à l'aide de mots-clés.	☐	☐	☐	☐
▪ utiliser le pronom *en*.	☐	☐	☐	☐
▪ créer et à présenter une légende.	☐	☐	☐	☐

B 1. Dans cette unité, j'ai beaucoup aimé...

_____

_____

2. Dans cette unité, je n'ai pas aimé...

_____

_____

Mon vocabulaire de base

■ ■

Note le vocabulaire important de cette unité.

1. Des moyens de transport

une bicyclette _____   _____

_____   _____

_____   _____

2. Des verbes associés au transport

arriver _____   _____

_____   _____

_____   _____

3. Des lieux géographiques

les Grands Lacs _____   _____

_____   _____

_____   _____

4. Et aussi…

_____   _____

_____   _____

_____   _____

Par terre, mer et air

ÉCOUTONS!

Écoute les descriptions des moyens de transport. Associe le numéro de chaque description avec une illustration. Écris le nom du moyen de transport.

→ **LIVRE** p. 98

On y va! 2 Copyright © Addison Wesley

Le défi des transports

Relis le texte *Le défi des transports* aux pages 98-101 de ton livre. Réponds aux questions suivantes en phrases complètes.

1. Pourquoi est-ce que Benoît a rêvé de choses bizarres?

   _____.

2. Comment est-ce que Benoît et Mia ont voyagé de Victoria à Calgary?

   _____.

3. Comment est-ce qu'ils ont traversé les prairies?

   _____.

4. Quel moyen de transport est-ce que Benoît a utilisé pour traverser les Grands Lacs?

   _____.

5. Pourquoi est-ce que Mia appelle le rêve de Benoît un cauchemar?

   _____.

6. Quelle région du Canada est-ce que Benoît a traversée en montgolfière?

   _____.

7. Est-ce que Benoît a atterri à Saint-Jean dans son rêve? Explique.

   _____.

8. Pourquoi est-ce que Benoît est venu à l'école à pied?

   _____.

9. Selon toi, pourquoi est-ce que Mia dit que le voyage est un *défi* des transports?

   _____.

10. Dans ce texte, quel moyen de transport préfères-tu? Pourquoi?

   _____.

→ **LIVRE** p. 101

Mot-mystère

Lis les indices pour remplir les cases. Utilise les mots utiles. Trouve le mot-mystère.

Indices

1. C'est un appareil qui voyage dans l'air.

2. C'est le nom de la première bicyclette.

3. L'autre nom de la montgolfière est le _ _ _ _ _ _ à air chaud.

4. Un autre mot pour un passager.

5. Il a inventé une bicyclette primitive : le comte Mède de _ _ _ _ _ _ .

6. La partie d'une bicyclette qu'on utilise pour la guider.

7. Le fleuve Saint-Laurent traverse la province de _ _ _ _ _ _ .

8. Il a inventé la motoneige.

9. Le _ _ _ _ _ _ _ _ se trouve entre la Saskatchewan et l'Ontario.

10. Joseph et _ _ _ _ _ _ _ Montgolfier ont inventé le ballon à air chaud.

11. Un moyen de transport en commun très populaire à Paris.

12. La capitale de la Nouvelle-Écosse.

13. Cet appareil flotte sur un coussin d'air.

14. Un _ _ _ _ _ _ navigue sur la mer.

15. Si on part de la France et on traverse la Manche, on arrive en _ _ _ _ _ _ _ _ _ _ .

MOTS UTILES

aéroglisseur	Angleterre	avion
ballon	Bombardier	célérifère
Étienne	guidon	Halifax
Manitoba	métro	navire
Québec	Sivrac	voyageur

Mot-mystère : _ _ _ _ _ _   _ _   _ _ _ _ _ _ _ _

→ LIVRE p. 102

On y va! 2 Copyright © Addison Wesley

Le pronom y

Réponds aux questions suivantes en phrases complètes à l'affirmatif ou au négatif. Utilise le pronom _y_ dans ta réponse.

Exemple : Est-ce que tu vas à _la classe de géographie?_

Oui, _j'y vais._ ou Non, _je n'y vais pas._

1. Marco et Paola habitent-ils _en Italie?_

   Oui, _____

2. Allons-nous _à l'école_ à pied?

   Non, _____

3. Vas-tu _en Europe_ cet été?

   Non, _____

4. Est-ce que ta sœur déménage _au Manitoba?_

   Oui, _____

5. Passez-vous les vacances _en Jamaïque?_

   Non, _____

6. Est-ce que tu as voyagé _au Mexique_ cet hiver?

   Non, _____

7. Est-ce qu'elle a visité des pyramides _en Égypte?_

   Oui, _____

8. Est-ce que tes parents sont allés _en Chine?_

   Oui, _____

9. Ton oncle a habité _aux États-Unis?_

   Oui, _____

10. Est-ce que vous avez fait du ski de fond _au Brésil?_

    Non, _____

11. Est-ce que tes grands-parents vont aller _en Floride?_

    Oui, _____

12. Est-ce qu'on peut voir des lacs _dans les Rocheuses?_

    Non, _____

13. Ton frère doit-il rester _à Vancouver?_

    Non, _____

14. Est-ce que tu veux aller aux musées _à Paris?_

    Oui, _____

15. Est-ce qu'on peut aller _au Japon_ en bateau?

    Oui, _____

Voyage transcanadien

A **Écoute bien. Complète le dialogue suivant avec les mots qui manquent.**

Philippe : Suzanne, on planifie un voyage _____ ensemble?

Suzanne : Oui, je veux bien, Philippe. Où est-ce qu'on _____?

Philippe : Commençons à Whitehorse.

Suzanne : Bonne idée! On peut _____ la rivière Klondike quand on y est.

Philippe : Et notre _____ arrêt peut être au lac Athabasca.

Suzanne : D'accord. On peut y _____ en scooter. Mon scooter fait 30 kilomètres à l'heure!

Philippe : Ce n'est pas très rapide, mais j'accepte. Ensuite…

Suzanne : Ensuite, nous pouvons _____ le lac Athabasca en _____.

Philippe : Beaucoup d'énergie ça, mais j'accepte. On _____ du lac et on va à Kenora en Ontario…

Suzanne : On y va en Formule 1! Ça, c'est plus _____.

Philippe : J'accepte. De Kenora à Montréal? Comment veux-tu y aller?

Suzanne : On peut y aller en _____ de montagne…

Philippe : Ah non! je ne veux pas y aller en vélo. C'est trop loin. Allons-y en _____.

Suzanne : D'accord. J'accepte. Et de Montréal à Summerside, île du Prince-Édouard, en _____!

Philippe : Ah non! je ne veux pas y aller en train. Allons-y à _____.

Suzanne : D'accord. Et la dernière _____, de Summerside à Gander, Terre-Neuve, en _____!

Philippe : Pourquoi pas! Nous allons certainement faire impression quand on y arrivera!

B **Avec un ou une partenaire, lisez le dialogue à voix haute et faites des changements.**

→ **LIVRE** p. 104

Unité 7 : En route

On y va! 2 Copyright © Addison Wesley

À ton tour

Les voyages

Écoute les élèves parler de leurs voyages. Associe chaque élève à un endroit et à un moyen de transport.

Exemple : Francesca va traverser _l'île de Vancouver en voiture_.

1. Stéphane va traverser _____.

2. Élisa va survoler _____.

3. Asif va traverser _____.

4. Italo va traverser _____.

5. Mara va traverser _____.

6. Julia va traverser _____.

7. Seth va survoler _____.

8. Simone va traverser _____.

9. Boris va traverser _____.

10. Gina va traverser _____.

LES ENDROITS

la baie Georgienne	le fleuve Saint-Laurent	les Grands Lacs
l'île de Vancouver	la mer du Labrador	les prairies
la rivière Fraser	les Rocheuses	Terre-Neuve
Toronto	la vallée de l'Okanagan	

LES MOYENS DE TRANSPORT

en aéroglisseur	en avion	en canot
à cheval	en kayak	en métro
en montgolfière	à motocyclette	en train
à vélo	en voiture	

→ LIVRE p. 105

101

À la tâche

L'itinéraire d'un voyage

A **Quels endroits du Canada ou du monde francophone t'intéressent? Choisis les destinations et le moyen de transport pour chaque étape de ton voyage imaginaire.**

Exemple : de _Prince Rupert_ à _Whitehorse en moto._

Les cinq étapes de ton voyage	Les cinq moyens de transport
1. De _____	à _____
2. De _____	à _____
3. De _____	à _____
4. De _____	à _____
5. De _____	à _____

B **Sur une feuille de papier, fais une description de ton itinéraire.**

■ Est-ce que tu veux visiter le Canada ou le monde francophone?

■ Où est-ce que tu vas commencer?

■ Comment est-ce que tu vas y aller?

■ Quels éléments géographiques vas-tu traverser?

■ Où est-ce que tu vas terminer ton voyage?

C **Sur la même feuille, dessine une carte pour illustrer ton itinéraire. Indique les destinations et les moyens de transport. Fais une légende, si nécessaire.**

→ LIVRE p. 106

Unité 7 : En route   *On y va! 2* Copyright © Addison Wesley

À propos du métro : quiz

ÉCOUTONS!

Écoute bien. Fais ce quiz pour tester tes connaissances sur les métros dans le monde.

1. Dans quelle ville est-ce qu'on a construit le premier métro au monde?
   a) à Paris, en France   **b)** à Londres, en Angleterre   **c)** à Moscou, en Russie

2. Dans quelle ville est-ce qu'on a construit le premier métro au Canada?
   a) à Calgary   **b)** à Toronto   **c)** à Montréal

3. Dans quelle ville est-ce qu'on a engagé un architecte différent pour chaque station de métro?
   a) à Montréal, au Canada   **b)** à Chicago, aux États-Unis   **c)** à Paris, en France

4. Quel métro transporte le plus grand nombre de voyageurs chaque jour?
   a) le métro de Toronto, au Canada
   b) le métro de Bruxelles, en Belgique
   c) le métro de New York, aux États-Unis

5. Quel petit ourson est nommé en l'honneur d'une station de métro à Londres?
   a) Paddington   **b)** Winnie   **c)** Yogi

6. Quelle activité fait partie du travail des conducteurs de métro à Paris?
   a) lire le journal   **b)** faire de la musique   **c)** regarder des écrans

7. Dans quelle ville est-ce qu'on voit des employés de métro pousser les voyageurs dans les voitures?
   a) à Tokyo, au Japon   **b)** à Vancouver, au Canada   **c)** à Mexico, au Mexique

8. Où est le plus vaste réseau de métro au monde?
   a) à Montréal, au Canada   **b)** à Amsterdam, aux Pays-Bas   **c)** à Londres, en Angleterre

9. Le nom «métro» est dérivé de quel mot?
   a) «chronomètre»   **b)** «métropole»   **c)** «métronome»

10. À quelle heure est-ce qu'il y a le plus de monde dans le métro de New York?
    a) à 10 heures   **b)** à 17 heures   **c)** à 23 heures

Les résultats :

Moins de 5 points : Le métro? Tu n'as pas beaucoup d'information sur le métro.

de 5 à 7 points : Pas mal... Tu as pas mal d'information sur le métro.

de 8 à 10 points : Tu es cosmopolite! Tu as plein d'information sur le métro.

→ LIVRE p. 106

À propos du métro

Relis le texte *À propos du métro* aux pages 106-109 de ton livre. Réponds aux questions suivantes en phrases complètes.

1. Pourquoi est-ce que les conducteurs de métro à Londres ont eu de la difficulté avec les locomotives à vapeur?

   _____.

2. Quelles villes canadiennes ont un métro?

   _____.

3. Pourquoi le métro de Montréal est-il renommé?

   _____.

4. Combien de voyageurs par année y a-t-il dans le métro de New York?

   _____.

5. Qu'est-ce que la famille Brown a trouvé dans une station de métro?

   _____.

6. Pourquoi est-ce que les conducteurs de métro à Paris regardent des écrans au travail?

   _____.

7. Quelle est la fonction des *oshiya* dans le métro de Tokyo?

   _____.

8. Quelles sont les heures de pointe dans le métro de New York?

   _____.

9. Choisis une autre ville où on peut construire un nouveau métro. Pourquoi penses-tu que c'est une bonne idée de mettre un métro dans cette ville?

   _____

   _____.

10. À ton avis, quel moyen de transport est le meilleur dans une grande ville, le métro ou l'automobile? Pourquoi?

    _____

    _____.

104

En vacances!

Complète les phrases avec le _passé composé_ du verbe entre parenthèses. Ensuite, dessine une flèche entre le sujet et le participe passé et fais l'accord.

Exemple : Ma sœur (n') _____ (pas) _____ à Hull à pied. (aller)

Ma sœur _est_ _allée_ à Hull à pied. Ma sœur n' _est_ pas _allée_ à Hull à pied.

1. Madame, est-ce que vous _____ _____ sur le train qui va en Suisse? (monter)

2. Nous _____ _____ dans le métro à Paris. (descendre)

3. Mathieu, tu _____ _____ à Dakar, au Sénégal, en voilier? (arriver)

4. Katia et Christine ne _____ pas _____ au Mali en métro. (retourner)

5. Mes parents _____ _____ à Madagascar en bateau de croisière. (aller)

6. Jennifer, est-ce que tu _____ _____ pour la Côte d'Ivoire en motocyclette? (partir)

7. Marc _____ _____ dans le nord du Québec en motoneige. (monter)

8. Le capitaine Nemo n' _____ pas _____ à Haïti en sous-marin. (aller)

9. Elle _____ _____ à Lausanne en avion. (arriver)

10. Ils _____ _____ pour Sainte-Lucie en montgolfière. (partir)

11. Est-ce que les filles _____ _____ de la Guinée en aéroglisseur? (revenir)

12. Mon ami américain n' _____ pas _____ au Cameroun en hélicoptère. (retourner)

13. Je _____ _____ pour le Liban en automobile. (partir)

14. Mes cousines françaises _____ _____ au Luxembourg en bicyclette. (aller)

15. Mon oncle _____ _____ à Bruxelles, en Belgique, en autobus. (arriver)

Une fin de semaine à Montréal

Écoute l'histoire de Félix et complète les phrases avec les verbes au *passé composé*. Utilise les mots utiles.

La fin de semaine dernière, je _____ _____ à Montréal! J'ai passé deux jours dans la métropole francophone avec mes cousins.

J'y _____ _____ samedi matin sur le train de 8 heures. J'ai rencontré mes cousins et on a déjeuné pour bien commencer la journée. De la gare centrale, on a pris le métro jusqu'à la Place des Arts. Ensuite, on a pris l'autobus. Après, on ____ _____ au parc du Mont-Royal. On ____ _____ jusqu'au sommet du Mont-Royal à pied, et ça, c'est du travail! Mais la vue panoramique est magnifique! Nous y _____ _____ pendant une heure pour admirer le centre-ville et le fleuve Saint-Laurent.

Puis on ____ _____ au centre-ville, et on _____ _____ pour le Vieux-Montréal en métro. J'ai vraiment apprécié les anciens bâtiments. On _____ _____ dans le Musée d'archéologie et d'histoire de Montréal. On y a appris beaucoup de choses sur l'histoire de la ville.

Dimanche matin, on _____ _____ en vélo le long du canal Lachine. Après, on a vu une autre sorte de canal au centre-ville : les studios de Musique Plus, un canal de musique francophone! Puis on a encore pris le métro jusqu'à la station Pie-IX. On a visité l'Insectarium du Jardin botanique. C'est le plus grand musée d'insectes en Amérique du Nord.

Dimanche soir, j'ai pris le métro pour aller à la gare centrale. Je suis vraiment un habitué du métro montréalais après cette fin de semaine! Je _____ _____ ce matin à la gare de Toronto, fatigué mais très content.

MOTS UTILES

aller	arriver	descendre	entrer	monter
partir	rester	retourner	revenir	sortir

→ **LIVRE** p. 110

 On y va! 2 Copyright © Addison Wesley

La tâche finale

Pense au voyage imaginaire que tu as planifié à la page 102 de ton cahier. Imagine que tu as fait ce voyage.

1. Écris le brouillon de ta présentation orale, de 20 phrases au minimum. Utilise les éléments de langue suivants :

   ■ le pronom *y* (au moins 3 fois);

   ■ le passé composé avec *avoir* et *être* (au moins 10 fois);

   ■ des verbes de mouvement (au moins 5 verbes différents).

2. Utilise les questions suivantes pour préparer ta présentation.

Introduction :

■ Quand est-ce que tu es allé en voyage? Avec qui? Pourquoi?

Description des cinq étapes du voyage :

■ De quel endroit es-tu parti(e)?

■ Où est-ce que tu es allé(e)?

■ Quel moyen de transport est-ce que tu as utilisé?

■ Qu'est-ce que tu as vu en route?

■ Qu'est-ce que tu as vu dans chaque destination? Qu'est-ce que tu as fait?

Conclusion :

■ Quand est-ce que tu es revenu(e) à la maison? Quel aspect de ton voyage a été le plus intéressant?

3. Révise ta présentation. Fais des corrections ou des changements, si c'est nécessaire.

4. Écris ta copie finale.

5. Présente ton voyage à la classe avec ta carte.

Mon auto-évaluation

A Maintenant, je réussis à...	avec difficulté	avec peu de difficulté	assez bien	très bien
▪ parler des moyens de transport.	☐	☐	☐	☐
▪ parler d'un voyage au Canada ou d'un voyage à des pays francophones autour du monde.	☐	☐	☐	☐
▪ reconnaître les régions du Canada.	☐	☐	☐	☐
▪ reconnaître les éléments géographiques.	☐	☐	☐	☐
▪ apprendre des renseignements intéressants au sujet du métro.	☐	☐	☐	☐
▪ utiliser le pronom *y*.	☐	☐	☐	☐
▪ trouver le sens d'un mot selon son contexte.	☐	☐	☐	☐
▪ faire un voyage imaginaire d'un bout à l'autre du Canada ou autour du monde.	☐	☐	☐	☐

B 1. Dans cette unité, j'ai beaucoup aimé...

_____

_____

2. Dans cette unité, je n'ai pas aimé...

_____

_____

On y va! 2 Copyright © Addison Wesley

Mon vocabulaire de base

Note le vocabulaire important de cette unité.

1. Pour parler des différents cours et étendues d'eau...

   la baie

   _____

2. Pour parler des activités qu'on pratique sur et sous l'eau...

   la plongée

   _____

3. Pour parler des différents types de bateaux et de leur équipement...

   un navire

   _____

4. Pour parler de l'équipement de plongée...

   un détendeur

   _____

5. Et aussi...

   _____

Le Canada, un pays maritime

ÉCOUTONS!

A Écoute les descriptions. Écris le numéro de la description dans la bonne case.

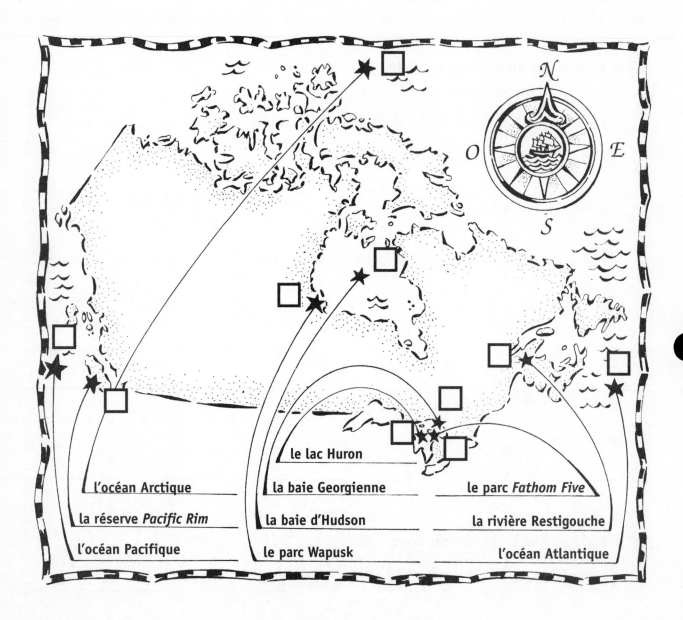

le lac Huron

l'océan Arctique

la baie Georgienne

le parc *Fathom Five*

la réserve *Pacific Rim*

la baie d'Hudson

la rivière Restigouche

l'océan Pacifique

le parc Wapusk

l'océan Atlantique

B Maintenant, vérifie ton travail avec la classe.

→ LIVRE p. 114

Unité 8 : Dans l'eau *On y va! 2* Copyright © Addison Wesley

Dans les parcs du Canada, on a trouvé...

Complète le tableau à l'aide du texte *Dans les parcs du Canada, on a trouvé...* aux pages 114–117 de ton livre. Ensuite, utilise l'information du tableau pour répondre à la question au bas de la page.

Des parcs marins canadiens	L'endroit	Les activités
Ex. le parc Gwaii Haanas	dans les Îles Queen Charlotte, en Colombie-Britannique	-visiter des sites de la culture haïda -voir des totems
1.		
2.		
3.		
Un lieu historique	**L'endroit**	**Les activités**
4.		

Quel parc ou lieu historique veux-tu visiter? Pourquoi?

_____

_____.

→ **LIVRE** p. 117

Informez-vous!

Avec un ou une partenaire, lisez la conversation téléphonique à voix haute. Ensuite, changez l'information en caractères gras pour créer d'autres conversations.

Agent : Bonjour, Parcs Canada. **André** à l'appareil. Je peux vous aider?

Élève : Oui, bonjour. Je veux de l'information sur **les parcs marins canadiens…**

Agent : Certainement. Quel **parc** vous intéresse?

Élève : Je ne sais pas. Je veux **voir des totems de la culture haïda**…

Agent : Eh bien, je vous recommande **le parc Gwaii Haanas**.

Élève : **Le parc Gwaii Haanas?** Où se trouve-t-il?

Agent : Il se trouve **dans les Îles Queen Charlotte, en Colombie-Britannique**.

Élève : Pouvez-vous m'envoyer une brochure touristique sur **ce parc**?

Agent : Aucun problème. Votre nom et adresse, s'il vous plaît.

Élève : C'est **Kevin McCabe**… **263, rue Canning**… **Barrie, Ontario**…

Agent : Votre code postal?

Élève : **L7B 5X9**

Agent : Bon. Vous allez recevoir notre brochure par la poste dans une semaine.

Élève : Une semaine!

Agent : Oui. Ou vous pouvez visiter notre site Web à <www.parcscanada.gc.ca>.

Élève : Hum!

On y va! 2 Copyright © Addison Wesley

Mots de la même famille

JOUONS!

Trouve les mots de la même famille pour compléter la grille suivante. Utilise un dictionnaire si c'est nécessaire.

le verbe	l'action ou la chose	la personne	l'adjectif	l'adverbe
Exemple : s'aventurer	une aventure	un aventurier / une aventurière	aventureux / aventureuse	aventureusement
1.			exploratoire	
2.	la nage			
	3.		archéologique	
4. fabriquer				
5.	l'habitat, l'habitation			
	6.	un historien / une historienne		
	7.	un / une naturaliste		
8.			navigable	
9.	une observation			
10. plonger				

→ **LIVRE** p. 118

On y va! 2 Copyright © Addison Wesley

Unité 8 : Dans l'eau

Cartes postales

ÉCRIVONS! PARLONS!

A Mets les verbes au *passé composé* sur les cartes postales suivantes.
Attention : il y a des verbes réguliers et irréguliers!

Bonjour Linda,
    Hier, nous <u>avons visité</u> (visiter) le
lieu historique de la Forteresse de
Louisbourg. Les Français _____
_____ (établir) une colonie
ici en 1713, mais plus tard ils ___
_____ (perdre) le site.

On _____ (rencontrer) des gens habillés dans
des costumes de la période. On ___
_____ (avoir) l'impression d'être
transporté dans le temps!

À bientôt,

Louise

Linda Sylvain

Bonjour Phil,
    On s'amuse comme des fous ici au
Parc national Forillon. J'___
_____ (réussir) ma première
expédition de plongée avec Max hier.
On ____ _____ (explorer) les
fonds marins. Bien sûr, on ____
_____ (attendre) notre guide.
On ___ _____ (voir) des espèces
végétales magnifiques de toutes les
couleurs! Et j'____ _____
(prendre) des photos sous l'eau!

Salut!

Alex

Phil Leblanc
2540, rue Rideau
Kingston (Ontario)
K7K 2Z5

Salut Sophia,
    Nos vacances en Colombie-Britannique
sont super! Hier, nous _____ _____
(faire) une excursion à la réserve Pacific
Rim. Le bateau Valencia ___ _____
(couler) ici en 1906. Tous les marins sur le
bateau _____ _____ (périr). Nous
_____ _____ (plonger) pour voir
l'épave. Ensuite, on _____ _____
(examiner) les artefacts du bateau dans le
musée. Le guide ___ _____ (répondre) à
toutes nos questions.

Amitiés,

Jan

Sophia Tremblay
15, rue Lansdowne
Halifax (N.-É.)
B3M 3Z2

B Avec un ou une partenaire, lisez les cartes postales à voix haute.

Explorons nos parcs nationaux!

A **Écoute bien. Complète l'entrevue suivante avec des verbes au *passé composé*.**

Mariette Lamarre : Bonjour! Vous êtes à l'écoute de l'émission de radio *Explorations* et je suis votre animatrice, Mariette Lamarre. Chaque semaine nous découvrons ensemble les magnifiques parcs et lieux historiques canadiens. Notre invité, aujourd'hui, est Paul Lebrun, archéologue-plongeur. Paul, vous _____ _____ récemment un site intéressant au Québec. Comment s'appelle ce site?

Paul Lebrun : C'est le lieu historique national de la Bataille-de-la-Restigouche.

Mariette Lamarre : Et quelle est l'histoire de ce site?

Paul Lebrun : Eh bien, Mariette, il y ____ _____ une bataille sur la rivière Restigouche. En 1760, les navires anglais _____ _____ les navires français à cet endroit. Ils _____ _____ trois navires pleins de provisions en route pour la Nouvelle-France.

Mariette Lamarre : Les Anglais n'_____ pas _____ tous les bateaux… Ils _____ _____ *Le Machault*, n'est-ce pas?

Paul Lebrun : Pas exactement. En fait, les Français _____ _____ leur propre bateau avec toutes ses provisions. Cette bataille _____ _____ la fin de la guerre.

Mariette Lamarre : Et vous _____ _____ de la plongée pour examiner l'épave de ce bateau?

Paul Lebrun : Oui, cette excursion de plongée _____ _____ une expérience inoubliable. J'____ _____ l'épave avec une équipe d'archéologues de Parcs Canada.

Mariette Lamarre : Paul, vous _____ _____ des artefacts fascinants dans l'épave et aujourd'hui vous _____ _____ une photo d'un artefact. Pouvez-vous nous décrire cette photo?

Paul Lebrun : Certainement. Nous _____ _____ beaucoup de photos d'artefacts. J'____ _____ cette photo d'un canon parce que les canons étaient essentiels à la mission du *Machault*. C'est un des 26 canons du navire.

Mariette Lamarre : Merci beaucoup, Paul. Malheureusement, on n'a plus de temps aujourd'hui. Au revoir, les amis, et à la semaine prochaine.

B **Lis l'entrevue à voix haute avec un ou une partenaire.**

→ **LIVRE** p. 120

On y va! 2 Copyright © Addison Wesley

Unité 8 : Dans l'eau

Destinations-mystères

JOUONS! ÉCRIVONS!

A Où est-ce que chaque personne est allée? Lis les indices et note les résultats dans le tableau.

	Danielle	Lisa	Louis	Marc	Phil	Monique
le lieu historique de la Bataille-de-la-Restigouche						
le parc *Fathom Five*		X				
le parc *Pacific Rim*	✓					
le parc Wapusk						

Indices

Exemple : Danielle a pris des photos de baleines.

Lisa n'est pas allée au parc *Fathom Five*.

1. Un des garçons a exploré l'épave du *Machault*.
2. Une des filles a vu des ours polaires.
3. Monique a examiné des artefacts.
4. Louis a observé des baleines.
5. Phil est allé au même endroit que Louis.

B Maintenant, complète chaque phrase. N'oublie pas d'ajouter un *e* si le sujet est féminin!

Exemple : Danielle est allé [e] *au parc Pacific Rim* _____.

1. Phil est allé [ ] _____.

2. Monique est allé [ ] _____.

3. Marc est allé [ ] _____.

4. Lisa est allé [ ] _____.

5. Louis est allé [ ] _____.

On y va! 2 Copyright © Addison Wesley

Des excursions inoubliables!

LISONS!   ÉCRIVONS!

A **Choisis un élément de chaque colonne pour composer des phrases logiques.**

___ **1.** Une baleine   **a)** sommes allés au parc Wapusk.

___ **2.** Nous   **b)** êtes partis avec des souvenirs inoubliables!

___ **3.** Les archéologues   **c)** suis allé(e) au musée pour voir les artefacts.

___ **4.** Je   **d)** est montée à la surface de l'eau.

___ **5.** *Le Machault*   **e)** sont restés pour observer les ours polaires.

___ **6.** Les naufrages   **f)** sont venus près de la côte.

___ **7.** Tu   **g)** sont descendus à l'épave du bateau.

___ **8.** Les touristes   **h)** es allé(e) au parc *Fathom Five*.

___ **9.** Vous   **i)** est arrivé en Nouvelle-France en 1760.

___ **10.** Les bélugas   **j)** sont devenus rares.

B **Mets chaque verbe au *passé composé*. Tous les verbes prennent l'auxiliaire *être*. Ensuite, place les phrases en ordre pour créer une histoire.**

Cher journal,

☐ Je _____ _____ à la surface après vingt minutes. (monter)

☐ Ce bateau naufragé _____ _____ un monument historique. (devenir)

[1] Je _____ _____ au parc marin cette fin de semaine pour voir le bateau naufragé Le fleur de lys. (aller)

☐ Nous _____ _____ pour observer les artefacts sur le bateau et l'écosystème autour du bateau. (rester)

☐ Je _____ _____ avec des souvenirs inoubliables. (partir)

☐ Le guide et moi _____ _____ à l'épave du bateau. (descendre)

Rob

→ **LIVRE** p. 121

On y va! 2 Copyright © Addison Wesley   Unité 8 : Dans l'eau

À la tâche

Des artefacts

A   **Lis la fiche d'information pour le canon.**

L'artefact :	un canon
La date :	le 15 mai
Le lieu où j'ai trouvé l'artefact :	J'ai trouvé le canon sur le lieu historique national de la Bataille-de-la-Restigouche, au Québec.
Le nom de l'épave :	le Machault
La date du naufrage :	1759
Le type d'artefact :	Le canon fait partie de l'équipement.
La description de l'artefact :	
• les dimensions :	1,5 mètres de long et 1 mètre de haut
• la masse :	Le canon pèse 100 kilogrammes.
• les caractéristiques :	J'ai trouvé une marque d'un fabricant français sur le canon.

B   **Ensuite, remplis une fiche d'information pour un autre artefact.**

L'artefact : _____

La date : _____

Le lieu où j'ai trouvé l'artefact : _____

_____

Le nom de l'épave : _____

La date du naufrage : _____

Le type d'artefact : _____

La description de l'artefact :

    • les dimensions : _____

    • la masse : _____

    • les caractéristiques : _____

_____

→ **LIVRE** p. 122

On y va! 2 Copyright © Addison Wesley

Le journal de Marie-Josée

Relis le texte *Le journal de Marie-Josée* aux pages 122-124 de ton livre. Réponds aux questions suivantes en phrases complètes.

1. Qu'est-ce que Marie-Josée a compris le 8 juillet?

   _____ .

2. Qu'est-ce que le guide de plongée a fait au début de l'excursion?

   _____ .

3. Quel type de récif Marie-Josée et Luz ont-elles choisi d'explorer?

   _____ .

4. Qu'est-ce que les filles ont vu à l'intérieur de l'épave?

   _____ .

5. Qu'est-ce que Marie-Josée a photographié à l'extérieur du *Chaudière*?

   _____ .

6. Qu'est-ce que Marie-Josée a fait pendant que Luz a pris des photos?

   _____ .

7. Pourquoi Marie-Josée n'a-t-elle pas eu assez d'air?

   _____ .

8. Comment Marie-Josée a-t-elle respiré pendant la remontée?

   _____ .

9. À ton avis, pourquoi est-ce que Marie-Josée attend Luz avant de sortir de l'épave?

   _____

   _____ .

10. À ton avis, pourquoi est-ce que Luz a fait signe au guide de plongée avant de remonter?

   _____

   _____ .

→ LIVRE p. 125

Les plongeurs : qui suis-je?

ÉCOUTONS!

Écoute bien. Trouve la fin de la phrase de la colonne A dans la colonne B. Écris la bonne lettre dans chaque case. Identifie la personne qui parle : Marie-Josée, Luz ou le guide de plongée.

COLONNE A

COLONNE B

Exemple : J'ai

[e] Qui suis-je? _Marie-Josée_

1. J'ai

Qui suis-je? _____

2. J'ai

Qui suis-je? _____

3. Je

Qui suis-je? _____

4. J'ai

Qui suis-je? _____

5. J'ai

Qui suis-je? _____

6. J'ai

Qui suis-je? _____

7. J'ai

Qui suis-je? _____

8. Je n'ai rien

Qui suis-je? _____

9. J'ai

Qui suis-je? _____

10. Je n'ai pas

Qui suis-je? _____

a) fait la vérification de tout l'équipement des plongeurs.

b) suis sortie de l'épave avec Marie-Josée.

c) été vraiment bête le jour de notre excursion de plongée.

d) pris des photos de la vie marine abondante.

e) fait le signe conventionnel qui signifie : je n'ai plus d'air.

f) donné le signal : on remonte.

g) oublié quand nous avons vérifié le plan de plongée.

h) été la plongeuse la moins attentive.

i) aidé Marie-Josée à remonter à la surface.

j) fait attention à mon équipement.

k) écouté attentivement le guide de plongée.

→ **LIVRE** p. 126

On y va! 2 Copyright © Addison Wesley

De quel artefact parle-t-on?

 ÉCRIVONS! PARLONS!

A **Décris cinq artefacts mais ne donne pas le nom de l'artefact dans tes descriptions. Décris la forme et l'emploi des artefacts. Utilise au moins un comparatif et un superlatif dans chaque description. Utilise les mots utiles.**

Exemple : Cet artefact fait partie de l'équipement du bateau. C'est l'artefact le plus utile. Il est long et pointu et il est aussi lourd qu'un canon.

Qu'est-ce que c'est? __une ancre__

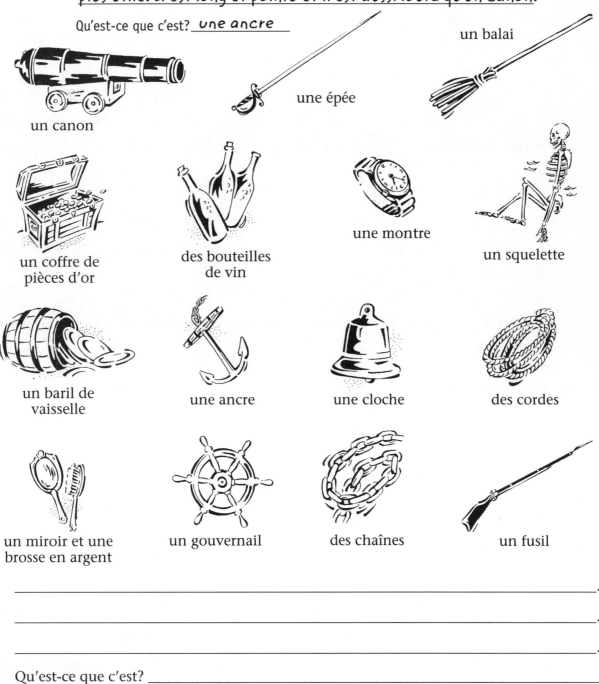

un canon

une épée

un balai

un coffre de pièces d'or

des bouteilles de vin

une montre

un squelette

un baril de vaisselle

une ancre

une cloche

des cordes

un miroir et une brosse en argent

un gouvernail

des chaînes

un fusil

1. _____.

_____.

_____.

Qu'est-ce que c'est? _____

121

2. _____ .

_____ .

_____ .

Qu'est-ce que c'est? _____

3. _____ .

_____ .

_____ .

Qu'est-ce que c'est? _____

4. _____ .

_____ .

_____ .

Qu'est-ce que c'est? _____

5. _____ .

_____ .

_____ .

Qu'est-ce que c'est? _____

MOTS UTILES

de l'équipement	dangereux / dangereuse	petit(e)
des marchandises	fragile	pointu(e)
des objets personnels	gros / grosse	précieux / précieuse
(du capitaine, d'un voyageur)	important(e)	rigide
	intéressant(e)	suspect(e)
	léger / légère	tranchant(e)
	long / longue	utile
	lourd(e)	vieux / vieil / vieille
	nouveau / nouvel / nouvelle	

B **Maintenant, lis chaque description à un ou une partenaire. Il ou elle doit deviner quel est l'artefact.**

→ **LIVRE** p. 128

À ton tour

L'épave du Annie Falconer

Écoute bien le récit de Cam et écris les mots qui manquent. Utilise les mots utiles.

Bonjour, je m'appelle Cam et je suis plongeur. Mes amis André et Louis, et moi sommes
_____ à Picton en Ontario. Nous avons _____ de la plongée sous-marine dans le
lac Ontario, au large de Pointe Traverse. André et Louis sont _____ _____
_____ moi quand nous faisons de la plongée.

Nous avons visité l'épave du *Annie Falconer*. L'épave est très grande; elle est _____
_____ _____ les autres épaves que nous avons explorées. Elle mesure _____
mètres de longueur. Nous avons remarqué une ancre attachée au bateau.

Le *Annie Falconer* a _____ dans une tempête violente le 12 novembre 1904.
Aujourd'hui, l'épave est à _____ mètres de profondeur dans le lac Ontario.

À l'extérieur de l'épave, nous avons _____ une plaque commémorative. La plaque décrit
le naufrage du *Annie Falconer*. J'ai _____ une photo de la plaque. Nous avons examiné
une deuxième ancre et des chaînes. Cette ancre est _____ _____ _____ la
première. Il y a aussi une vie marine intéressante à l'extérieur du bateau.

À l'intérieur de l'épave, nous avons _____ la cabine du capitaine et la passerelle de
navigation. Nous avons vu de la vaisselle et un miroir dans la cabine du capitaine. Le miroir
est _____ _____ _____ artefact que nous avons vu.

Nous sommes _____ trente minutes. Ensuite, nous sommes _____ à la surface
de l'eau. Ça a été une excursion de plongée fascinante. Le *Annie Falconer* est un très bon site.
Mes amis et moi pensons que c'est _____ _____ _____ site de plongée du
lac Ontario. On va sûrement y retourner un jour.

MOTS UTILES

24	32	allés	aussi...que	beau
coulé	enthousiastes	exploré	fait	grande
importante	le plus	le plus	moins...que	montés
petit	plus...que	pris	restés	vu

→ **LIVRE** p. 128

On y va! 2 Copyright © Addison Wesley

Unité 8 : Dans l'eau

À la tâche

Ta visite à l'épave

Pense à ton artefact de la section *À la tâche 1* (Livre, p. 121). Où est-ce que tu as trouvé cet artefact? Imagine le site de plongée et compose une fiche d'information. Dessine ton artefact.

Le plongeur / la plongeuse : _____

Accompagné(e) par : _____
_____

Le nom de l'épave : _____

L'endroit où se trouve l'épave : _____
_____

La profondeur du site : _____

Les dimensions du bateau : _____

La date du naufrage : _____

L'histoire du naufrage : _____
_____

Les artefacts visibles : _____
_____

Le plus petit ou le plus gros
artefact : _____

Une comparaison : _____
_____

Les caractéristiques uniques de l'épave : _____
_____
_____

Dessin d'un artefact :

→ **LIVRE** p. 129

La ballade de Jean-François

A Relis *La ballade de Jean-François* aux pages 129-132 de ton livre. Trouve une définition pour chacun des mots suivants. Mets la bonne lettre dans chaque case.

d	**Exemple :** un mousse	**a)** voyager sur l'océan
☐	**1.** surveiller	**b)** un marin
☐	**2.** chavirer	**c)** tourner un bateau à l'envers dans l'eau
☐	**3.** naviguer	**d)** un apprenti-marin
☐	**4.** grimper	**e)** monter
☐	**5.** un matelot	**f)** observer attentivement

B Écoute *La ballade de Jean-François*. Ensuite réponds aux questions suivantes en phrases complètes.

1. Quelle est la destination du navire *La belle allure*?

_____.

2. Quel est le travail de Jean-François? Où fait-il son travail?

_____.

3. Quels dangers rencontre *La belle allure*?

_____.

4. Où est-ce que le bateau a fait naufrage?

_____.

5. À ton avis, pourquoi est-ce que cette histoire est tragique?

_____.

→ **LIVRE** p. 132

À ton tour

Une épave imaginaire

A Écoute bien. Une archéologue a exploré une épave imaginaire. Regarde l'illustration. Écris le numéro de chaque description dans la bonne case.

B Micheline n'a pas vu trois artefacts. Peux-tu les identifier?

→ **LIVRE** p. 133

_____ _____ _____

   _On y va! 2_ Copyright © Addison Wesley

La tâche finale

Réponds aux questions suivantes sur une feuille de papier. Utilise ton illustration ou ta maquette d'un site de plongée imaginaire et les réponses à ces questions pour faire ta présentation orale.

1. Ton introduction
   a) Quelle épave as-tu explorée?
   b) Où est l'épave?
   c) Est-ce que l'épave est proche d'un parc ou d'un lieu historique?
   d) Est-ce qu'il y a des îles près de l'épave?

2. Décris ta visite au parc ou au lieu historique.
   a) Quand est-ce que tu y es allé(e)?
   b) Qu'est-ce que tu as fait pendant ta visite?
   c) Est-ce que tu as vu des animaux marins? Lesquels?

3. Décris ta visite à l'épave.
   a) Avec qui as-tu fait de la plongée sous-marine?
   b) En quelle année est-ce que le bateau a coulé?
   c) Comment est-ce que le bateau a coulé?
   d) Quelle est la longueur de l'épave?
   e) À quelle profondeur est l'épave?
   f) Combien de temps est-ce que tu es resté(e) à l'épave?

4. Présente ton illustration.
   a) Quels artefacts est-ce que tu as trouvés dans l'épave du bateau? (Décris au moins trois artefacts. Utilise des comparatifs et des superlatifs pour décrire les artefacts.)
   b) Est-ce que tu as vu des plantes et des animaux autour de l'épave? Lesquels?

5. Ta conclusion
   a) Pourquoi as-tu aimé cette aventure?
   b) Selon toi, quelle est la chose la plus intéressante de ta visite?

Mon auto-évaluation

A Maintenant, je réussis à...	avec difficulté	avec peu de difficulté	assez bien	très bien
parler des activités qu'on pratique dans les océans et les Grands Lacs du Canada.	☐	☐	☐	☐
décrire des épaves de bateaux.	☐	☐	☐	☐
décrire des artefacts intéressants.	☐	☐	☐	☐
décrire des parcs marins et des lieux historiques marins au Canada.	☐	☐	☐	☐
utiliser les verbes au passé composé avec les auxiliaires *avoir* et *être*.	☐	☐	☐	☐
utiliser les comparaisons entre des choses ou des personnes.	☐	☐	☐	☐
utiliser les mots de la même famille.	☐	☐	☐	☐
créer et à présenter l'illustration ou la maquette d'un site de plongée imaginaire.	☐	☐	☐	☐

B   **1.**   **Dans cette unité, j'ai beaucoup aimé...**

_____

_____

     2.   **Dans cette unité, je n'ai pas aimé...**

_____

_____

On y va! 2 Copyright © Addison Wesley

Mon vocabulaire de base

Note le vocabulaire important de cette unité.

1. Où on peut faire des projets de bénévolat...

   dans un centre de protection des

   animaux

2. Avec qui on peut faire des projets de bénévolat...

   avec mes amis

3. Pour qui on peut faire des projets de bénévolat...

   pour les enfants dans les familles

   d'accueil

4. Des projets de bénévolat...

   une collecte

5. Et aussi...

129

Qui propose quoi?

A Écoute bien. Coche la case sous le nom de la personne qui propose chaque projet. Écoute une deuxième fois. Est-ce que la classe accepte la suggestion? Encercle oui ou non.

	Jean	Anne	Daniel	Philippe	Sonia
un centre de protection des animaux					
du travail bénévole dans une soupe populaire					
du travail bénévole avec les élèves de 2e année					
une visite dans une résidence pour personnes âgées					
du travail bénévole pour un projet de construction					
oui / non	oui / non	oui / non	oui / non	oui / non	oui/non

B Quelle idée préfères-tu? Pourquoi?

_____

_____

_____ .

→ **LIVRE** p. 136

Des jeunes qui changent le monde...

Trouve les réponses aux questions suivantes dans le texte *Des jeunes qui changent le monde...* aux pages 136–139 de ton livre. Réponds en phrases complètes.

1. Pourquoi est-ce que ces jeunes ont fait du bénévolat?

   _____.

2. À peu près combien de fois est-ce que les enfants en famille d'accueil déménagent?

   _____.

3. Comment est-ce que plusieurs enfants sans valises déménagent leurs affaires?

   _____.

4. Aubyn Burnside a commencé une campagne : «Valises pour les jeunes». Où a-t-elle fait de la publicité?

   _____.

5. Qu'est-ce qui a inspiré Craig Kielburger à partir en Asie?

   _____.

6. Quel est le but de son organisation «Libérez les enfants!»?

   _____.

7. Qu'est-ce que c'est que le Ranch Ehrlo?

   _____.

8. Qu'est-ce que les élèves du Ranch Ehrlo ont décidé de faire?

   _____.

9. À ton avis, quel est le projet de bénévolat le plus intéressant? Pourquoi?

   _____.

   _____.

10. À ton avis, pourquoi est-il important de faire du bénévolat?

    _____.

    _____.

→ **LIVRE** p. 140

Message-mystère

JOUONS!

Complète le message-mystère à l'aide des indices suivants. Toutes les réponses se trouvent dans le texte *Des jeunes qui changent le monde...* aux pages 136-139 de ton livre. Ensuite, trouve la phrase qui lie les mots.

1. le travail volontaire :

   le _____

2. une _____ de bouteilles vides pour trouver de l'argent pour aider les enfants malades

3. un objectif : un _____

4. Un enfant est placé dans une famille d'_____ à cause de problèmes dans sa propre famille.

5. Craig Kielburger lutte contre l'_____ des enfants.

6. donner à plusieurs personnes

7. un projet qui a réussi : un _____

8. un changement de maison : un _____

9. quelqu'un qui aide les enfants en difficulté : une _____ sociale.

10. «Avec l'esprit d'_____, on gagne.»

11. Aubyn Burnside habite en Caroline du _____.

12. une ville : une _____

13. «Équipez un champion!» est devenu un _____ annuel.

14. le contraire de décourager : _____

15. une organisation commerciale : une _____

Message-mystère : _ _ _ _ _ _ i _, _'_ _ _ t _ _ _ _ _ _ _ i _!

→ **LIVRE** p. 141

Unité 9 : Autour de toi

On y va! 2 Copyright © Addison Wesley

Le passé composé avec avoir

ÉCRIVONS!

Complète les phrases suivantes avec la bonne forme du verbe au *passé composé* avec l'auxiliaire *avoir*. Attention : il y a des participes passés réguliers et irréguliers!

Exemple : Nous _____ _____ (former) trois nouvelles équipes dans notre ligue de hockey.

Nous _avons formé_ trois nouvelles équipes dans notre ligue de hockey.

1. Cette jeune fille _____ _____ (écouter) les besoins des autres.

2. Les élèves n'_____ pas _____ (choisir) leur projet.

3. Nous _____ _____ (perdre) l'argent pour le projet.

4. Les entreprises _____ _____ (encourager) nos efforts.

5. Nous _____ _____ (finir) la collecte de valises.

6. Est-ce que tu _____ _____ (rendre) visite aux enfants à l'hôpital?

7. Nous _____ _____ (gagner) le Prix de bronze du Duc d'Édimbourg!

8. Ce groupe _____ _____ (bâtir) beaucoup de maisons pour les personnes défavorisées.

9. Elles _____ _____ (entendre) une annonce pour une campagne de recyclage.

10. J'_____ _____ (participer) au téléthon.

11. Est-ce que vous _____ _____ (écrire) au gouvernement au sujet de l'exploitation des enfants?

12. Ces jeunes _____ _____ (faire) des choses formidables dans leurs communautés.

13. J'_____ _____ (prendre) l'habitude d'aider les autres.

14. Vous _____ _____ (avoir) le temps de faire du bénévolat dans une résidence pour personnes âgées.

15. Tu _____ _____ (être) surprise de découvrir les conditions de travail de ces enfants.

→ LIVRE p. 143

133

Le passé composé avec être

Complète les phrases suivantes avec la bonne forme du verbe au *passé composé* avec l'auxiliaire *être*. N'oublie pas de faire l'accord entre le sujet et le participe passé.

Exemple : Chantale et Marie _____ _____ (aller) au refuge hier.
Chantale et Marie _sont allées_ au refuge hier.

1. Nous _____ _____ (retourner) au centre communautaire la semaine dernière.

2. La classe _____ _____ (sortir) de la communauté pour faire son projet.

3. Les bénévoles _____ _____ (arriver) en retard ce matin.

4. Marie-Claude et Heidi, est-ce que vous _____ _____ (rester) après l'école hier pour aider les élèves de 4ᵉ année?

5. Je ne _____ pas _____ (aller) à la réunion des bénévoles hier. Qu'est-ce qu'on a décidé de faire?

6. Tu _____ _____ (partir) en Asie pour aider les enfants qui n'ont pas d'enfance.

7. Vous _____ _____ (revenir) de la banque alimentaire.

8. Leur projet _____ _____ (devenir) un événement annuel.

9. Je _____ _____ (venir) aider à nettoyer le parc.

10. Nous _____ _____ (retourner) à la rivière pour sauver d'autres canards.

11. Il _____ _____ (entrer) dans la résidence pour personnes âgées.

12. Elles _____ _____ (monter) au 2ᵉ étage pour aider dans la garderie.

13. _____-vous _____ (descendre) en ville pour faire du bénévolat?

14. Michaël _____ _____ (tomber) de l'échelle au site de construction.

15. _____-tu _____ (aller) au club écolo cette fin de semaine?

Le passé composé

A **Écoute bien. Indique si chaque phrase est au *présent* ou au *passé composé*.**

	1	2	3	4	5	6	7	8	9	10
présent	☐	☐	☐	☐	☐	☐	☐	☐	☐	☐
passé composé	☐	☐	☐	☐	☐	☐	☐	☐	☐	☐

B **Écoute bien. Toutes les phrases sont au *passé composé*. Indique si le verbe est conjugué avec *avoir* ou *être*.**

	1	2	3	4	5	6	7	8	9	10
avoir	☐	☐	☐	☐	☐	☐	☐	☐	☐	☐
être	☐	☐	☐	☐	☐	☐	☐	☐	☐	☐

On y va! 2 Copyright © Addison Wesley

Unité 9 : Autour de toi

Le passé composé

Récris le paragraphe suivant au *passé composé*. N'oublie pas l'accord entre le sujet et le participe passé des verbes qui prennent l'auxiliaire *être*.

J'*entends* parler d'un concours pour les clubs bénévoles, *Allons-y!* Je *décide* d'y participer avec mon ami Daniel. Nous *restons* après l'école pour discuter de quelques idées. Nous *commençons* un nouveau club : les jeunes écolos. Ce club *fait* un effort pour réduire les déchets à l'école. Les membres du club *encouragent* aussi leurs familles à recycler à la maison. Notre projet *devient* très populaire et tous nos amis *viennent* nous aider. Pour ramasser des fonds pour ce projet, on *vend* des barres de chocolat. Grâce à nos efforts considérables, nous *gagnons* le concours.

_____

_____

_____

_____

_____

_____

_____

_____

_____

_____

_____

_____

_____

_____

→ LIVRE p. 144

Le pronom en

Remplace les mots en italique par le pronom *en*. Attention à la place du pronom dans la phrase!

Exemple : Nous avons besoin *de projets bénévoles* cette année.

Nous __en__ avons besoin cette année.

1. On a besoin *d'enthousiasme* pour accomplir cette tâche.

   _____

2. Vous recevez *des dons* tous les jours?

   _____

3. Les entreprises ne contribuent pas assez *de fonds* au projet.

   _____

4. Les enfants en famille d'accueil n'ont pas *de valises*.

   _____

5. On a trouvé *des bénévoles* pour notre projet.

   _____

6. Nous avons ramassé dix *sacs de bouteilles vides* pour la collecte de fonds.

   _____

7. Notre classe a écrit *des lettres* au Premier ministre pour l'organisation «Libérez les enfants!».

   _____

8. Les élèves vont distribuer *de l'équipement de hockey* chaque année.

   _____

9. Krista va parler *de l'exploitation des enfants* à la réunion.

   _____

10. Je veux faire *du sport* toutes les semaines avec les jeunes au centre communautaire.

   _____

On y va! 2 Copyright © Addison Wesley   Unité 9 : Autour de toi

Des projets réussis!

A **Toi et tes amis planifiez vos projets de bénévolat. Un journaliste visite votre classe et vous pose des questions. Répondez à l'affirmatif et utilisez le pronom *en*. Attention à la place du pronom!**

Exemple : Est-ce que vous avez choisi *des projets de bénévolat*?

   <u>Oui, on en a choisi.</u>

1. Est-ce que vous avez *de bonnes idées*?

   _____.

2. Est-ce que vous avez préparé *de la publicité* pour le projet?

   _____.

3. Est-ce que les entreprises vont contribuer *de l'argent*?

   _____.

4. Est-ce que vous avez 500 *signatures* sur votre pétition?

   _____.

5. Est-ce que vous avez mis *des affiches* dans les magasins?

   _____.

6. Est-ce que vous allez vendre *des barres de chocolat*?

   _____.

7. Est-ce que vous avez beaucoup *d'appui*?

   _____.

8. Est-ce que chaque groupe a préparé une *campagne*?

   _____.

9. Est-ce que vous allez ramasser *des bouteilles et des cannettes vides*?

   _____.

10. Est-ce que vous avez *un esprit d'équipe*?

    _____.

B **Avec un ou une partenaire, posez les questions à l'oral et répondez sans regarder dans le cahier. Changez de rôle.**

→ **LIVRE** p. 144

Le pronom y

Utilise le pronom *y* pour remplacer les mots en italique. Attention à la place du pronom!

Exemple : Aubyn Burnside va *à la réunion des scouts* pour parler de sa campagne.

Aubyn Burnside **y** va pour parler de sa campagne.

1. Aubyn met des affiches *à l'épicerie*.

_____

2. Le Ranch Ehrlo est situé *à Régina en Saskatchewan*.

_____

3. Les bénévoles contribuent leur temps *à la banque alimentaire*.

_____

4. Les élèves jouent au hockey *à l'école pour les jeunes en difficulté*.

_____

5. Craig Kielburger a vu l'exploitation et la mort d'un jeune travailleur *à l'autre bout du monde*.

_____

6. Les jeunes ont présenté une pétition *à l'hôtel de ville*.

_____

7. J'ai trouvé des bouteilles *à l'épicerie*.

_____

8. Aubyn veut aller *à l'école* pour présenter son projet.

_____

9. Est-ce que tu vas rencontrer les élèves *à la banque alimentaire*?

_____

10. Veux-tu aller *au parc* pour travailler ensemble?

_____

→ **LIVRE** p. 144

Le partitif et la négation

Mets les phrases suivantes au négatif. Attention au partitif!

Exemple : Les élèves ont *de l'*argent.
_____Les élèves n'ont pas d'argent._____

1. Il y a *de l'*argent dans le budget municipal.

_____.

2. Les enfants ont *des* valises.

_____.

3. Tu as besoin *des* signatures.

_____.

4. Ton frère fait *de la* planche à roulettes.

_____.

5. Il est minuit! J'ai *de l'*énergie.

_____.

6. Ils ont fait *de la* publicité.

_____.

7. J'ai vu *des* affiches à la bibliothèque.

_____.

8. Les bénévoles ont perdu *de l'*enthousiasme.

_____.

9. On a eu *de la* difficulté à trouver une idée pour un projet.

_____.

10. Marco a mis *des* affiches à l'épicerie aujourd'hui.

_____.

11. Samantha veut faire *du* bénévolat.

_____.

12. Nous allons chercher *des* valises.

_____.

13. On peut trouver *des* patins à l'aréna.

_____.

14. Les jeunes vont distribuer *de l'*équipement.

_____.

15. Vous pouvez ramasser *des* bouteilles ce soir.

_____.

→ **LIVRE** p. 145

À ton tour

Projets de bénévolat

Avant de commencer un projet de bénévolat, on peut participer à un remue-méninges pour trouver des idées. En groupes, décrivez :

■ la situation;

■ la solution que vous proposez;

■ le matériel ou les actions nécessaires.

la situation	la solution que vous proposez	le matériel ou les actions nécessaires
Exemple : les jeunes avec des habiletés différentes n'ont pas de parcs spécialement aménagés pour eux	ramasser des fonds pour construire un parc	faire une collecte de canettes et de bouteilles vides, laver des autos, vendre des hot-dogs

Vouloir, c'est pouvoir!

ÉCOUTONS!

Écoute bien. Utilise les mots utiles pour compléter ce reportage.

Véronique Bergeron a de bons souvenirs d'enfance. Ses amis et elle ont passé des heures merveilleuses dans les parcs de sa _____. Aujourd'hui, ils continuent à aller dans les parcs. Ils font de la planche à roulettes dans un parc spécialement aménagé pour les *planchistes*. Véronique sait qu'elle a de la _____. Contrairement à elle, son petit frère de 9 ans ne peut pas y aller. Patrick a une _____ différente et il se déplace en fauteuil roulant.

Véronique a _____ une bonne idée. Elle a demandé à la ville de créer un parc spécialement aménagé pour les jeunes avec des habiletés différentes. Pour commencer, elle a préparé une _____. 150 personnes ont approuvé son idée et ont signé la pétition. Ensuite, elle est _____ à l'hôtel de ville. Elle _____ a rencontré la mairesse et le conseil municipal. Ils ont aimé son idée, mais malheureusement, ils ont refusé de construire le parc à cause des différentes _____ dans leur budget.

Véronique n'a pas été découragée. Elle n'a pas perdu d'enthousiasme. À l'aide de ses amis, elle a préparé une _____ pour trouver l'argent nécessaire. Ils ont fait une _____ de bouteilles et de cannettes vides et ils ont lavé des autos. Ils ont aussi organisé une grande vente de hot-dogs. Ils _____ ont vendu des centaines devant le supermarché local! Après deux mois, ils ont ramassé plus de 2 000 $.

Le conseil de ville a été très impressionné par l'_____ d'équipe et les efforts de Véronique et de ses amis. La communauté a donné son _____ au projet. La mairesse et le conseil ont décidé d'approuver le budget pour réaliser le projet. Véronique et son frère Patrick sont _____ à l'hôtel de ville sur l'invitation de la mairesse. Le parc pour les jeunes avec des habiletés différentes est _____ une réalité. Le commentaire de Véronique? «Vouloir, c'est pouvoir!»

MOTS UTILES

allée	appui	campagne	chance	collecte
communauté	devenu	esprit	en	eu
habileté	pétition	priorités	retournés	y

→ **LIVRE** p. 145

La tâche finale

La présentation

Connais-tu ou as-tu déjà entendu parler d'une personne ou d'un groupe qui a changé quelque chose dans la communauté? Écris une description de leur projet ou de leur organisation. Dans la description, tu dois expliquer :

■ la situation et pourquoi ils ont voulu la changer;

_____

_____

_____

_____

■ ce qu'ils ont fait pour changer la situation;

_____

_____

_____

_____

■ les résultats de leurs actions et les réactions de la communauté.

_____

_____

_____

_____

Une fois que tu as organisé tes idées, écris ta description sur une feuille séparée.

■ Utilise le passé composé.

■ Écris au moins 20 phrases.

■ Échange le brouillon de ta description avec un ou une partenaire. Faites des corrections.

■ Écris ta copie finale.

■ Présente ta description à la classe.

Mon auto-évaluation

A **Maintenant, je réussis à...**

	avec difficulté	avec peu de difficulté	assez bien	très bien
■ parler du bénévolat.	☐	☐	☐	☐
■ parler des jeunes qui contribuent à leurs communautés.	☐	☐	☐	☐
■ comprendre comment aider ma communauté.	☐	☐	☐	☐
■ utiliser le passé composé avec *avoir*.	☐	☐	☐	☐
■ utiliser le passé composé avec *être*.	☐	☐	☐	☐
■ utiliser le pronom *en*.	☐	☐	☐	☐
■ utiliser le pronom *y*.	☐	☐	☐	☐
■ utiliser le partitif et la négation.	☐	☐	☐	☐
■ faire et présenter la description d'un projet de bénévolat.	☐	☐	☐	☐

B **1.** Dans cette unité, j'ai beaucoup aimé...

_____

_____

2. Dans cette unité, je n'ai pas aimé...

_____

_____